KB059466

단단하고 만만하게!
냥냥이랑 어휘로 사회 쏙
이은경, 안수정 지음
어휘 연습장
초등 3·2

머리말 수업 시간이 만만해지는 즐거운 상상

학교는 재미있는데, 수업 시간은 좀 별로예요. 어렵고, 지루하고, 딱딱하고, 답답해요. 공부하기 싫어서 그런 것만은 아닌 것 같아요. '오늘은 열심히 해봐야지.', '나도 공부 잘하고 싶어.'라고 굳게 결심한 날에도 수업 시간은 여전히 어렵고, 지루하고, 딱딱하고, 답답하거든요.

대체 나는 왜 이럴까요? 혹시 이런 고민해 본 적 있나요?

수업 시간이 지루하고 힘들어서 빨리 끝나기만을 바라는 우리 친구들의 딱한 표정을 안타깝게 바라보던 냥냥이 친구들이 있었어요. 이 친구들이 모두 모여 오랜 시간 고민한 끝에 드디어 그 이유를 찾아냈지요. 범인은 바로, 교과서 속 어휘! 어휘를 모르니 내용을 이해할 수 없는 거였어요.

우리 친구들이 보는 교과서에는 도저히 무슨 뜻인지 알 수 없는 어휘들이 툭툭 자꾸 튀어나와요. 이제 막 공부라는 것에 도전하려는 우리 친구들에게는 교과서 본문 속 어휘들이 너무나 낯설게 느껴졌을 거예요.

어휘의 뜻만 미리 알고 있었다면 척척 이해되고 기억되었을 내용인데, 겨우 그것 때문에 지금껏 교과서와 친구가 되지 못했다니 억울할 지경이에요.

그래서 냥냥이 친구들이 '짠' 하고 이렇게 나타났어요. 공부를 열심히 해서 시험도 백 점 맞고 싶고, 나만의 소중한 꿈도 이루고 싶고, 오래오래 기억될 훌륭한 사람이 되고 싶은 친구들을 위해 꼭 기억해야 할 어휘를 골라 설명해 주고, 숨은그림찾기, 끝말잇기, 색칠하기 등의 여러 가지 활동을 하면 새롭게 알게 된 어휘를 내 것으로 만들어 버릴 수 있어요.

이제 냥냥이가 이끄는 대로 즐겁게 한 발씩 따라가기만 하면 돼요. 그럼 자연스럽게 수업 시간이 만만하고, 즐겁고, 시간이 후딱 지나가는 제법 해볼 만한 도전이 될 거예요.

새롭고 힘찬 새학기의 시작을 응원하며

냥냥이 친구들이

이 책의 구성과 특징

어휘의 뜻과 초성을 제시하여 공부해야 하는 개념어를 생각하며 학습할 수 있도록 한다.

어휘랑 놀자
06

초
성
퀴
즈

연중 강수량이 적은 데 비해 증발량이 많아 초목이 거의 자랄 수 없는 불모의 토지를 무엇이라고 할까요?

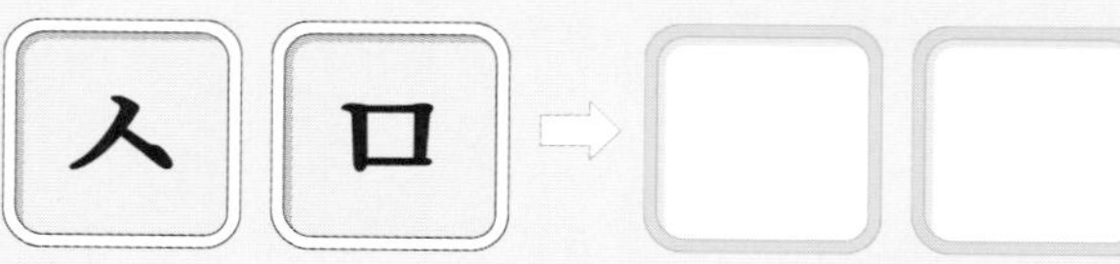

ㅅ
ㅁ

선인장의 비밀을 밝혀라!

다음 선인장 그림에서 '사막'에 대한 바른 설명이 적힌 번호를 모두 찾아서 ○표 하세요.

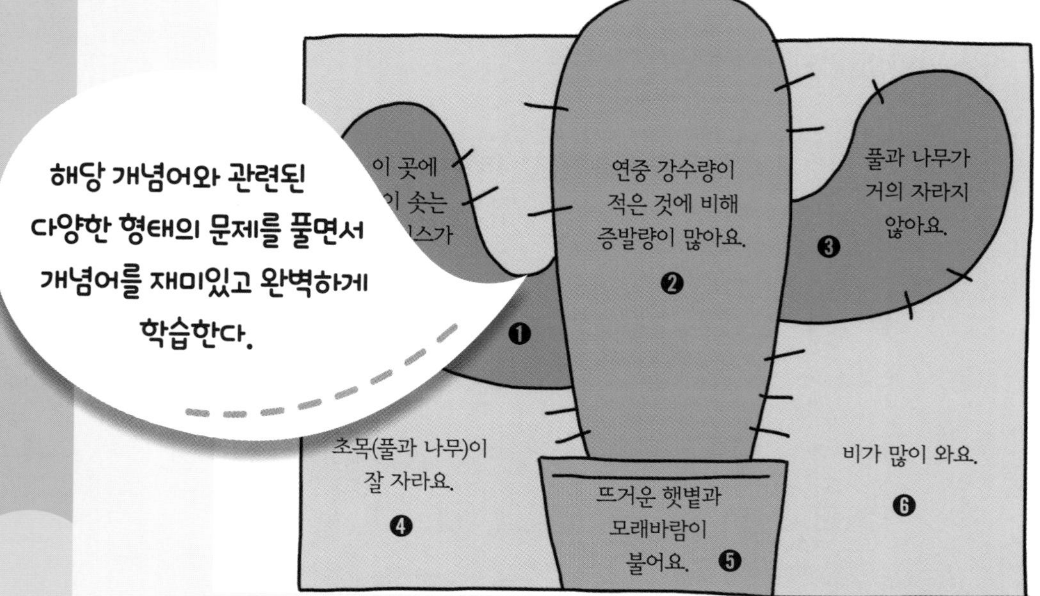

연중 강수량이 적은 것에 비해 증발량이 많아요. ❷
풀과 나무가 거의 자라지 않아요. ❸
❶
초목(풀과 나무)이 잘 자라요. ❹
뜨거운 햇볕과 모래바람이 불어요. ❺
비가 많이 와요. ❻

해당 개념어와 관련된 다양한 형태의 문제를 풀면서 개념어를 재미있고 완벽하게 학습한다.

정답 109쪽

쪽지의 조각은 어디에?

어휘를 설명한 쪽지가 찢어졌어요. 왼쪽 어휘와 관련 있는 조각을 오른쪽에서 찾아서 선으로 이어 주세요.

증발량	사막 가운데에 샘이 솟고 풀과 나무가 자라는 곳
강수량	비, 눈, 우박, 안개 따위로 일정 기간 동안 일정한 곳에 내린 물의 총량
오아시스	수증기가 증발하는 양

냥냥이와 문장대결

'사막'이라는 어휘를 넣어 어쩌냥과 문장 대결을 펼쳐 볼까요?

사막은 햇볕이 뜨겁고 모래바람이 불기도 해.

해당 개념어를 사용한 냥냥이의 문장을 보고, 대결하듯이 나도 한 번 만들어 본다.

차례

1. 환경에 따라 다른 삶의 모습

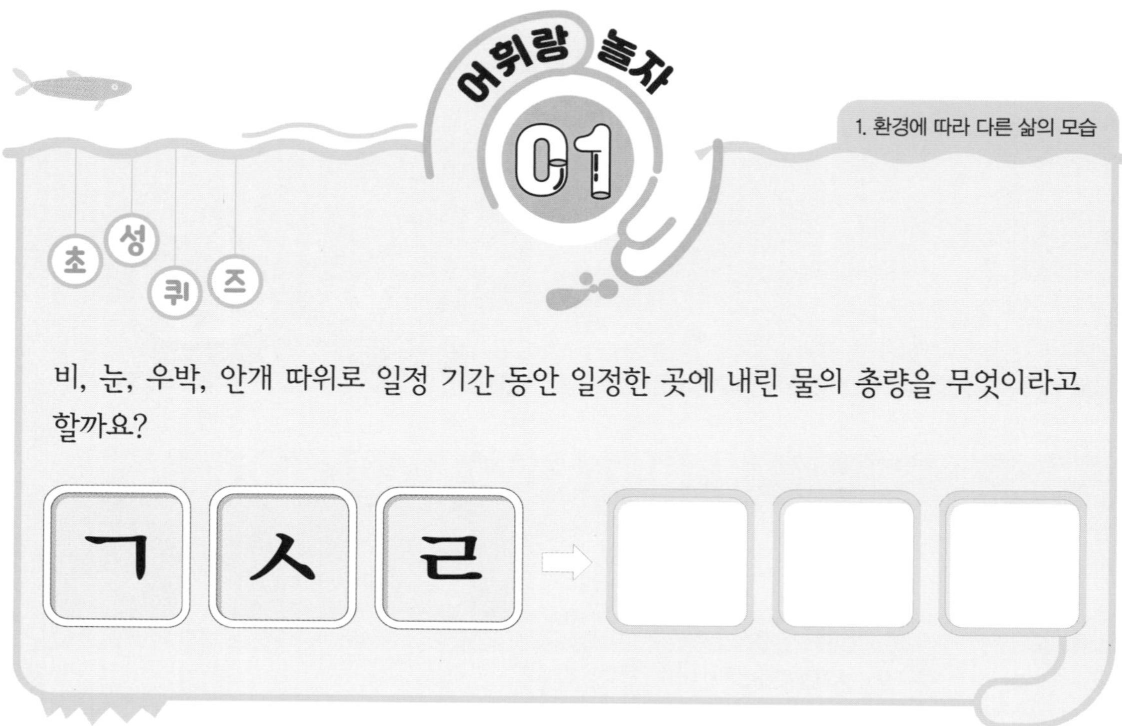
어휘랑 놀자
01
초 성 퀴 즈
ㄱ ㅅ ㄹ

비, 눈, 우박, 안개 따위로 일정 기간 동안 일정한 곳에 내린 물의 총량을 무엇이라고 할까요?

물방울 글자를 찾아라!

다음 물방울 글자 중에서 구름 속 설명에 알맞은 어휘의 글자를 찾아 파란색으로 칠하고 어떤 어휘인지 적어 보세요.

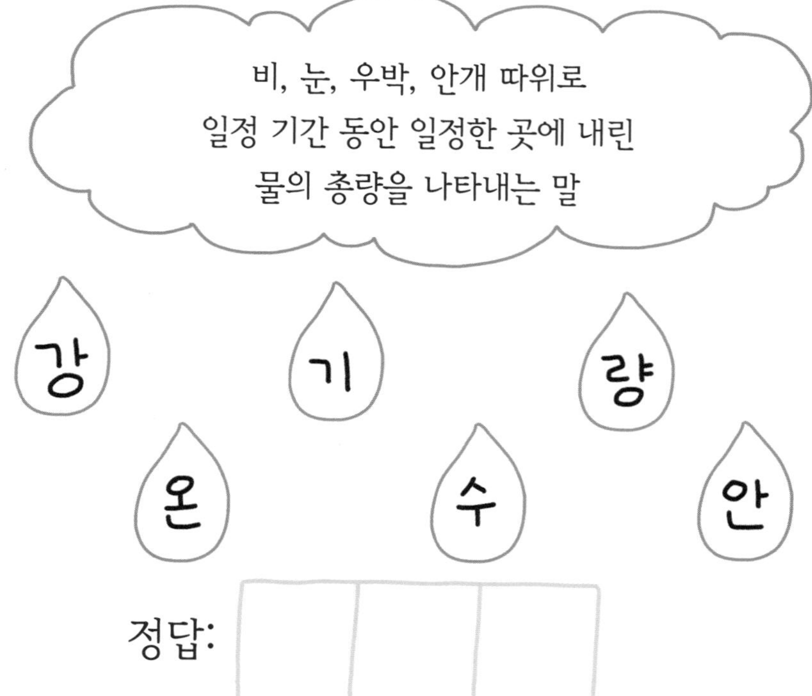
비, 눈, 우박, 안개 따위로
일정 기간 동안 일정한 곳에 내린
물의 총량을 나타내는 말
강
기
량
온
수
안

정답:

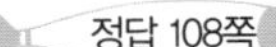
정답 108쪽

그래프의 제목은?

다음 설명을 보고 괜찬냥 고장의 무엇을 나타낸 그래프인지 제목을 적어 주세요.

❶ 일정한 곳에 내린 물의 총량을 뜻하는 말이에요.
❷ 이것이 가장 많은 달은 7월 여름이에요.
❸ 이것이 가장 적은 달은 1월 겨울이에요.

괜찬냥 고장의 평균 (   )

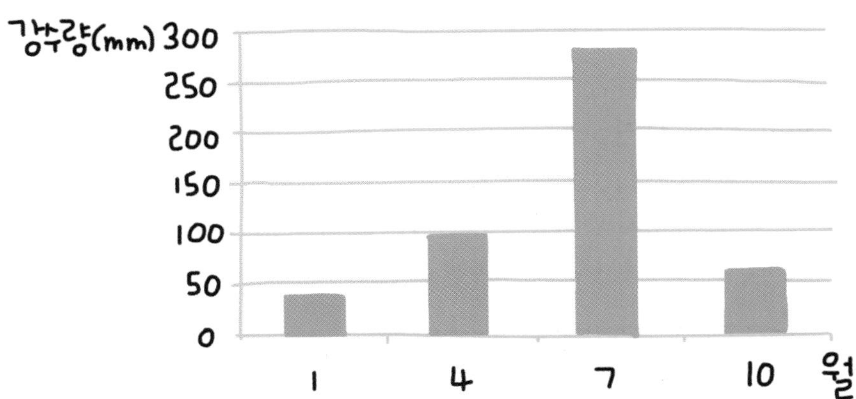
강수량(mm)
300
250
200
150
100
50
0
1
4
7
10
월

냥냥이와 문장대결

'강수량'이라는 어휘를 넣어 괜찬냥과 문장 대결을 펼쳐 볼까요?

우리 고장의 강수량을 그래프로 나타낼 수 있어.

____

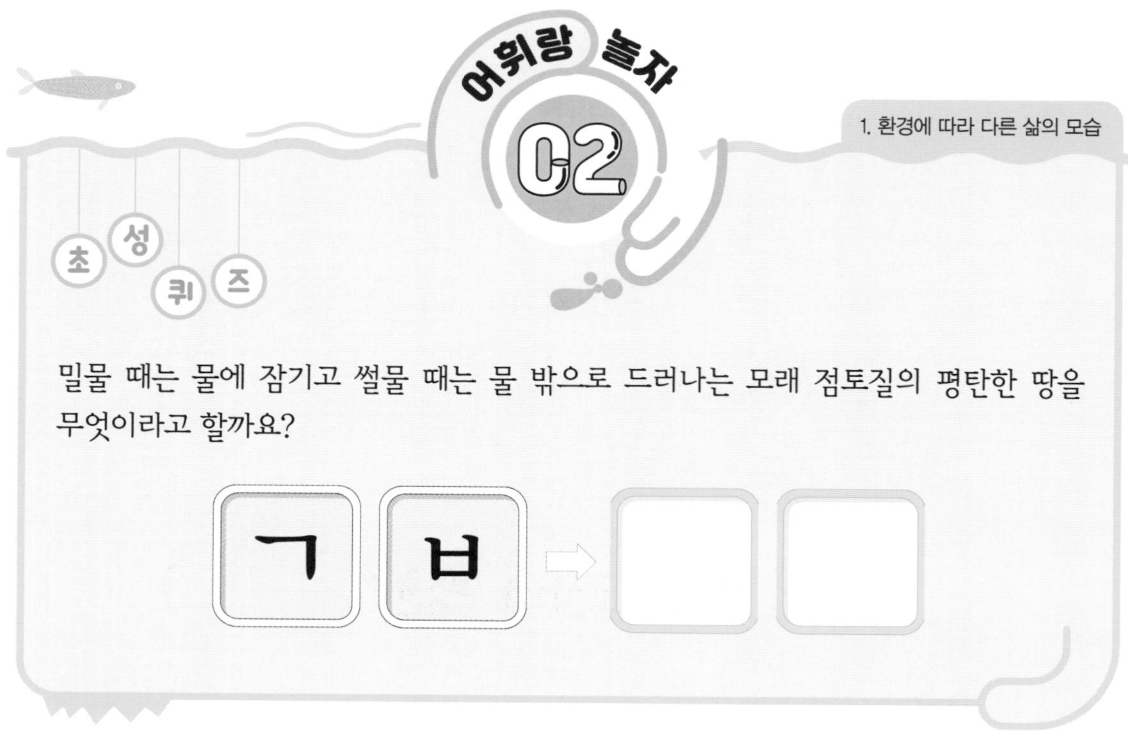
어휘랑 놀자
02
초 성 퀴 즈

밀물 때는 물에 잠기고 썰물 때는 물 밖으로 드러나는 모래 점토질의 평탄한 땅을 무엇이라고 할까요?

ㄱ ㅂ →

해시태그 읽고 장소 찾기

다음 누리 소통망 서비스(SNS)에서 설명하는 곳의 그림이 빠져 있어요. 아래 해시태그를 보고 어떤 곳을 의미하는지 쓰고 빠진 그림도 간단히 그려 보세요.

바다가 있는 고장
바지락, 게, 낙지가 사는 곳
철새들의 먹이가 있는 곳
좋아요
공유하기

정답:

정답 108쪽

바지락 속 글자 찾기

'갯벌'에 대한 바른 설명이 적힌 바지락의 글자를 찾아 순서대로 적어 보세요. 어떤 어휘가 되었나요?

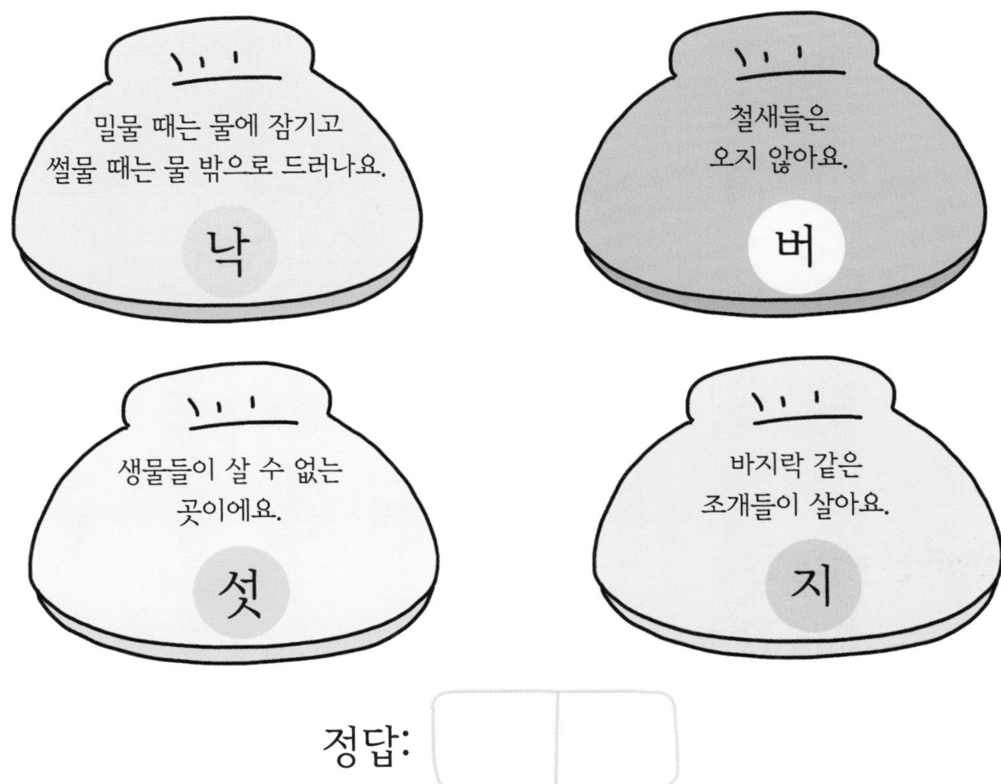
밀물 때는 물에 잠기고 썰물 때는 물 밖으로 드러나요.
낙
철새들은 오지 않아요.
버
생물들이 살 수 없는 곳이에요.
섯
바지락 같은 조개들이 살아요.
지

정답:

냥냥이와 문장대결

'갯벌'이라는 어휘를 넣어 알갓냥과 문장 대결을 펼쳐 볼까요?

갯벌에는 다양한 생물들이 살고 있어.

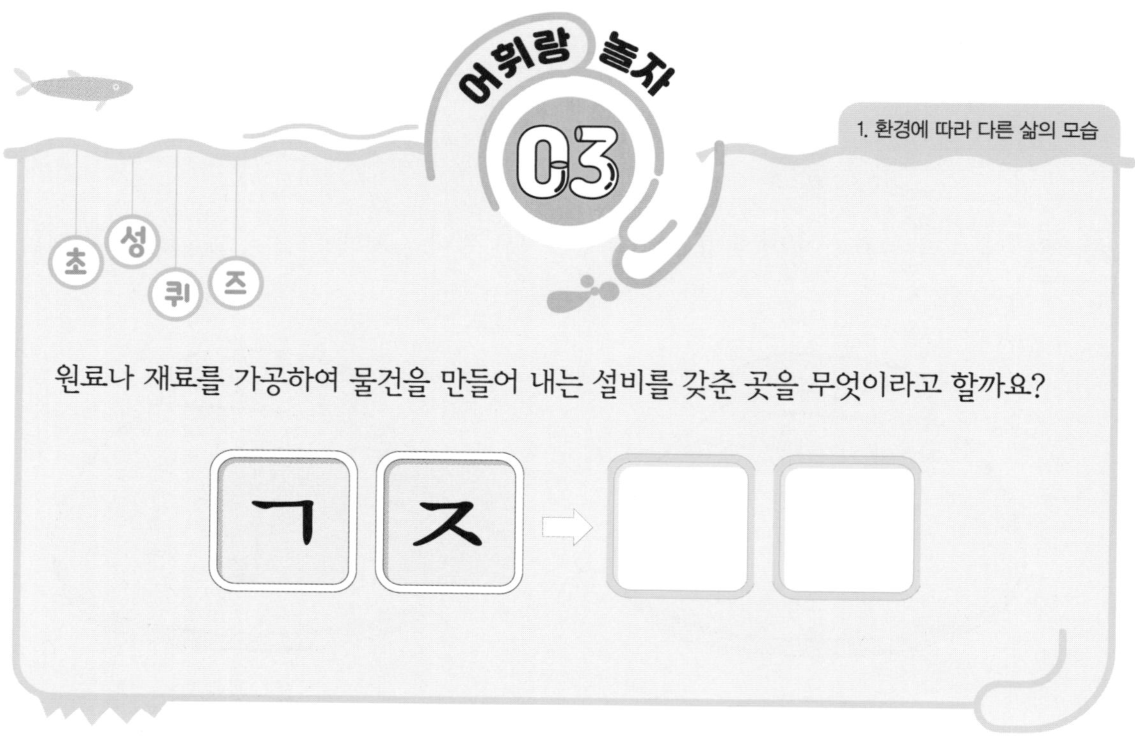
어휘랑 놀자
03
초 성 퀴 즈

원료나 재료를 가공하여 물건을 만들어 내는 설비를 갖춘 곳을 무엇이라고 할까요?

ㄱ ㅈ → □ □

설명하는 어휘는?

냥냥이들이 설명하는 어휘는 무엇인지 아래에서 골라 빈칸에 쓰세요.

필요한 것을 베풀어서
갖춘 시설은?
원료나 재료를 가공하여
물건을 만들어 내는
설비를 갖춘 곳은?

설비 재료 공장 원료

정답 108쪽

어울리는 어휘를 선으로 연결하기

냥냥이들이 이야기하다가 빠뜨린 어휘가 있네요. 친구들이 문장에 어울리는 어휘를 찾아서 선으로 이어 주세요.

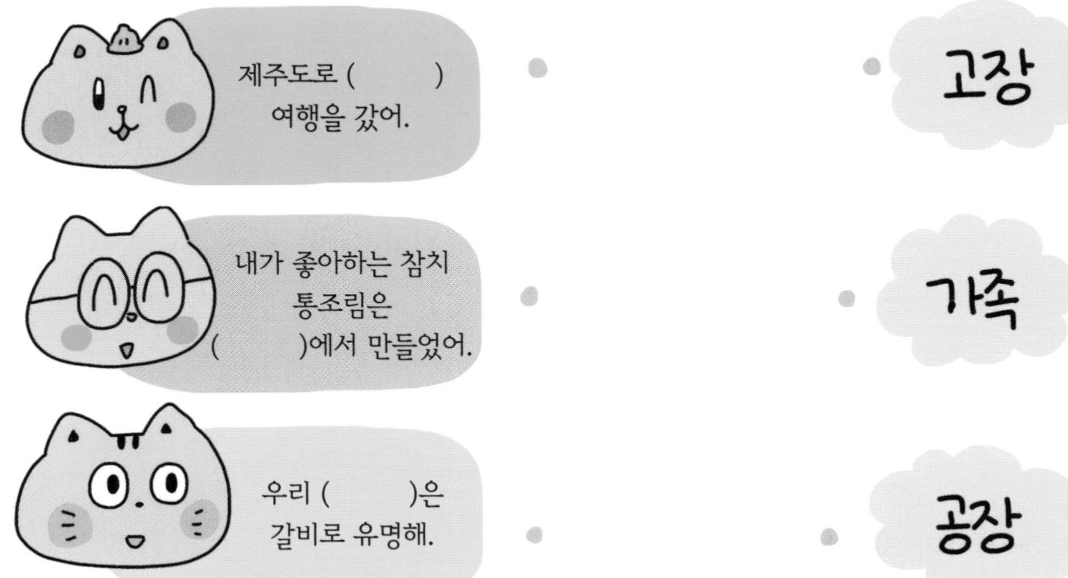
제주도로 ( ) 여행을 갔어.
내가 좋아하는 참치 통조림은 ( )에서 만들었어.
우리 ( )은 갈비로 유명해.
고장
가족
공장

냥냥이와 문장대결

'공장'이라는 어휘를 넣어 머라냥과 문장 대결을 펼쳐 볼까요?

학교 앞 문구점에서 파는 물건들은 공장에서 만들었대.

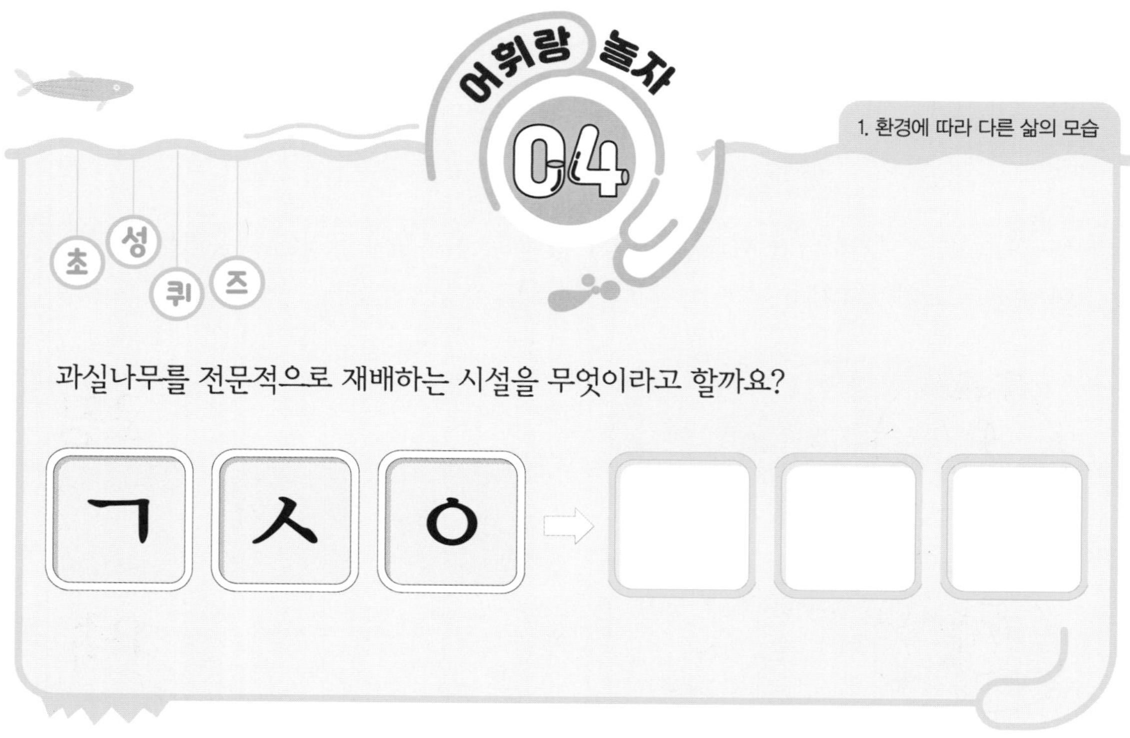
어휘랑 놀자
04
초성퀴즈
과실나무를 전문적으로 재배하는 시설을 무엇이라고 할까요?
ㄱ
ㅅ
ㅇ

글자 사과 조합하기

접시에 담긴 자음과 모음 사과를 조합하여 '과실나무를 전문적으로 재배하는 시설'이란 어휘를 만들어 적어 보세요.

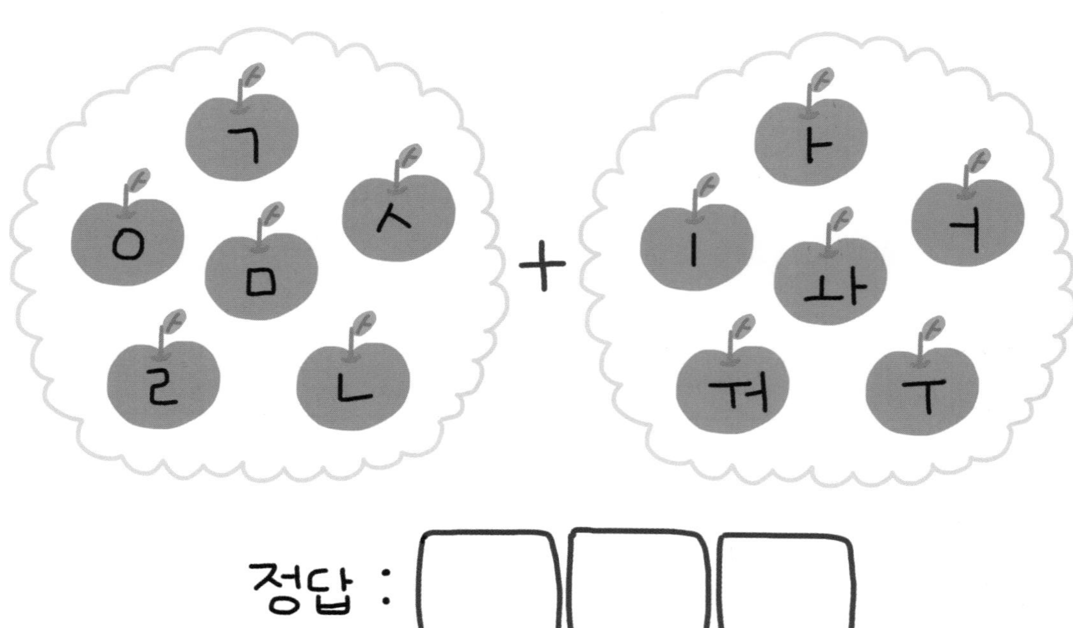
ㄱ
ㅇ
ㅅ
ㅁ
ㄹ
ㄴ
+
ㅏ
ㅣ
ㅓ
ㅘ
ㅝ
ㅜ

정답 :

정답 108쪽

삼행시 짓기

냥냥이들이 삼행시 짓기 놀이를 하고 있어요. 주어진 글자로 삼행시를 지어 보세요.

과
수
원

냥냥이와 문장대결

'과수원'이라는 어휘를 넣어 예뽀냥과 문장 대결을 펼쳐 볼까요?

지난 주말에 과수원에서 하는 사과 따기 체험을 하고 왔어.

어휘랑 놀자
05
초성 퀴즈
ㄱ
ㅇ

대기의 온도 또는 공기의 온도를 무엇이라고 할까요?

색칠하기

다음 그림에서 기온과 관련 있는 내용만을 골라 빨간색으로 칠해 보세요.

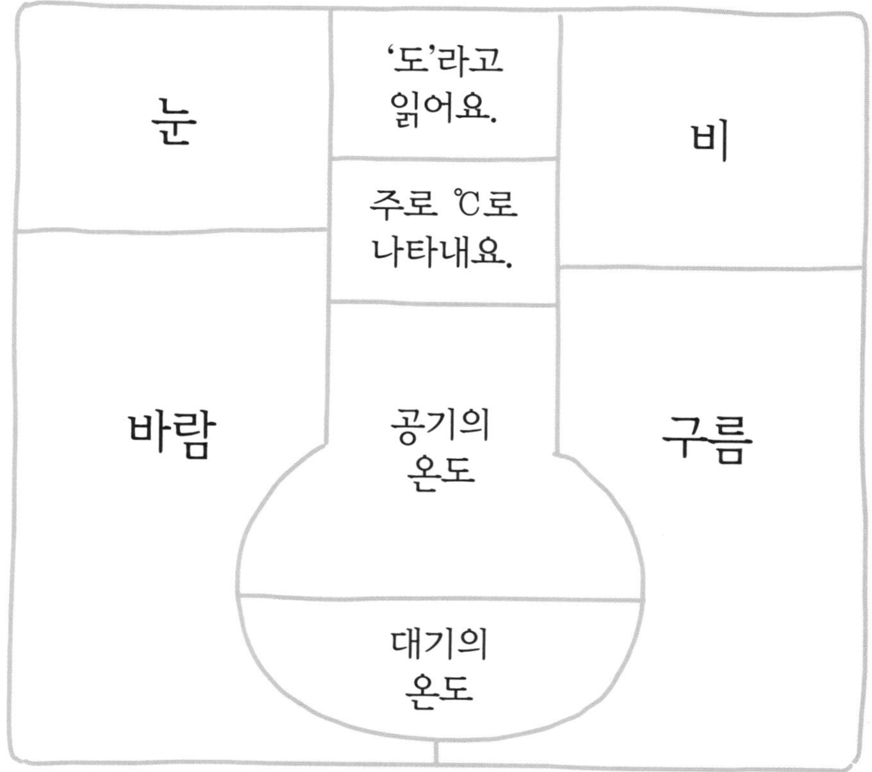
눈
'도'라고 읽어요.
비
주로 ℃로 나타내요.
바람
공기의 온도
구름
대기의 온도

정답 109쪽

튤립 퀴즈

'기온'에 대한 설명을 읽고 맞는 내용이면 '맞다'에, 틀린 내용이면 '틀리다'에 ∨표 하세요.

공기의 온도,
대기의 온도를
'기온'이라고 한다.

□ 맞다 □ 틀리다

공기와 대기는
비슷한 말이다.

□ 맞다 □ 틀리다

우리나라는
겨울에 기온이 낮고,
여름에 기온이 높다.

□ 맞다 □ 틀리다

우리나라는
일년 내내 기온이
똑같다.

□ 맞다 □ 틀리다

냥냥이와 문장대결

'기온'이라는 어휘를 넣어 모르냥과 문장 대결을 펼쳐 볼까요?

가을에는 낮과 밤의 기온 차이가 심해.

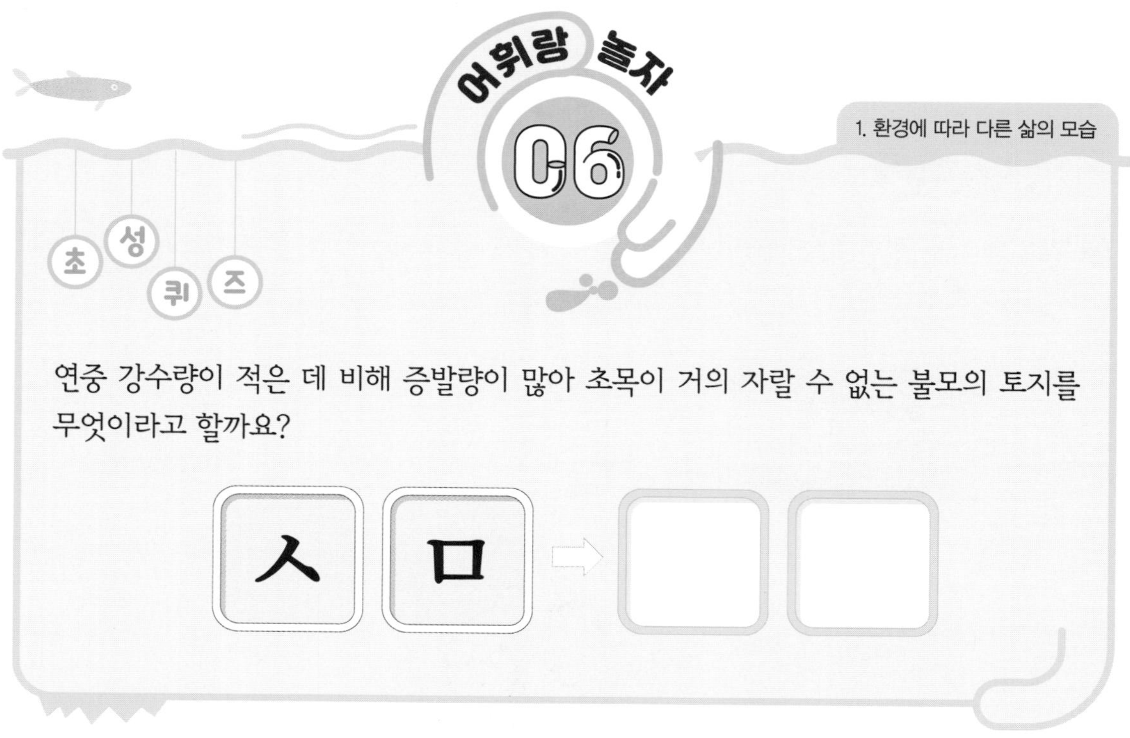
어휘랑 놀자
06
초성 퀴즈

연중 강수량이 적은 데 비해 증발량이 많아 초목이 거의 자랄 수 없는 불모의 토지를 무엇이라고 할까요?

ㅅ ㅁ → ☐ ☐

선인장의 비밀을 밝혀라!

다음 선인장 그림에서 '사막'에 대한 바른 설명이 적힌 번호를 모두 찾아서 ○표 하세요.

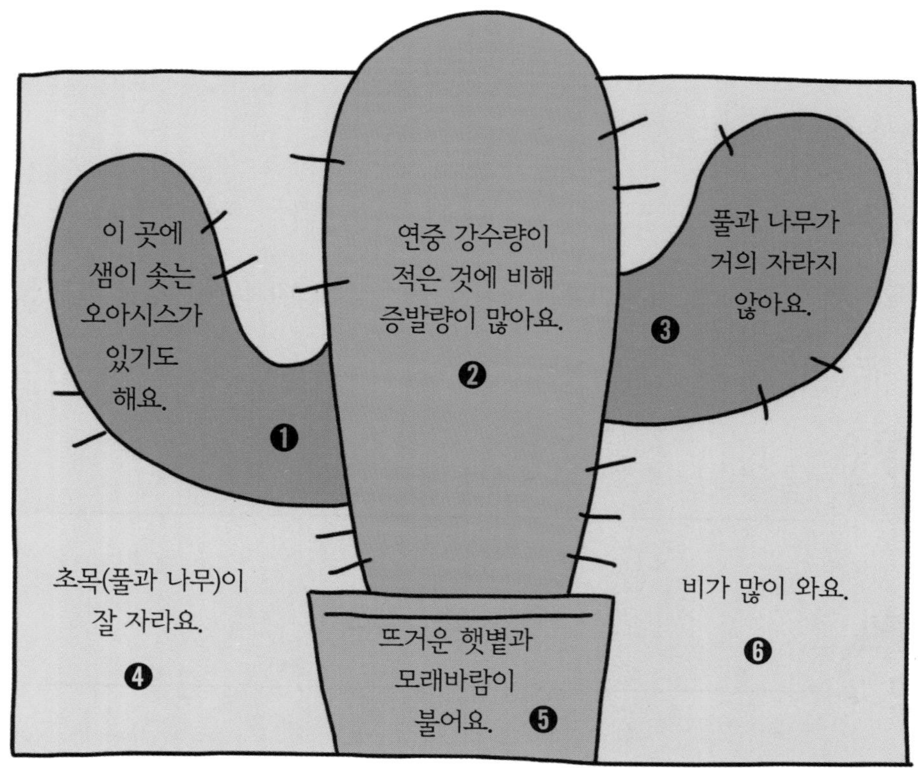
이 곳에 샘이 솟는 오아시스가 있기도 해요. ❶
연중 강수량이 적은 것에 비해 증발량이 많아요. ❷
풀과 나무가 거의 자라지 않아요. ❸
초목(풀과 나무)이 잘 자라요. ❹
뜨거운 햇볕과 모래바람이 불어요. ❺
비가 많이 와요. ❻

정답 109쪽

쪽지의 조각은 어디에?

어휘를 설명한 쪽지가 찢어졌어요. 왼쪽 어휘와 관련 있는 조각을 오른쪽에서 찾아서 선으로 이어 주세요.

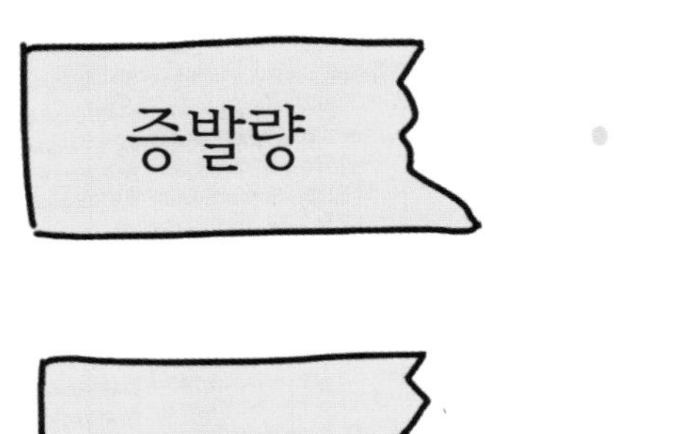

증발량	사막 가운데에 샘이 솟고 풀과 나무가 자라는 곳
강수량	비, 눈, 우박, 안개 따위로 일정 기간 동안 일정한 곳에 내린 물의 총량
오아시스	수증기가 증발하는 양

냥냥이와 문장대결

'사막'이라는 어휘를 넣어 어쩌냥과 문장 대결을 펼쳐 볼까요?

사막은 햇볕이 뜨겁고 모래바람이 불기도 해.

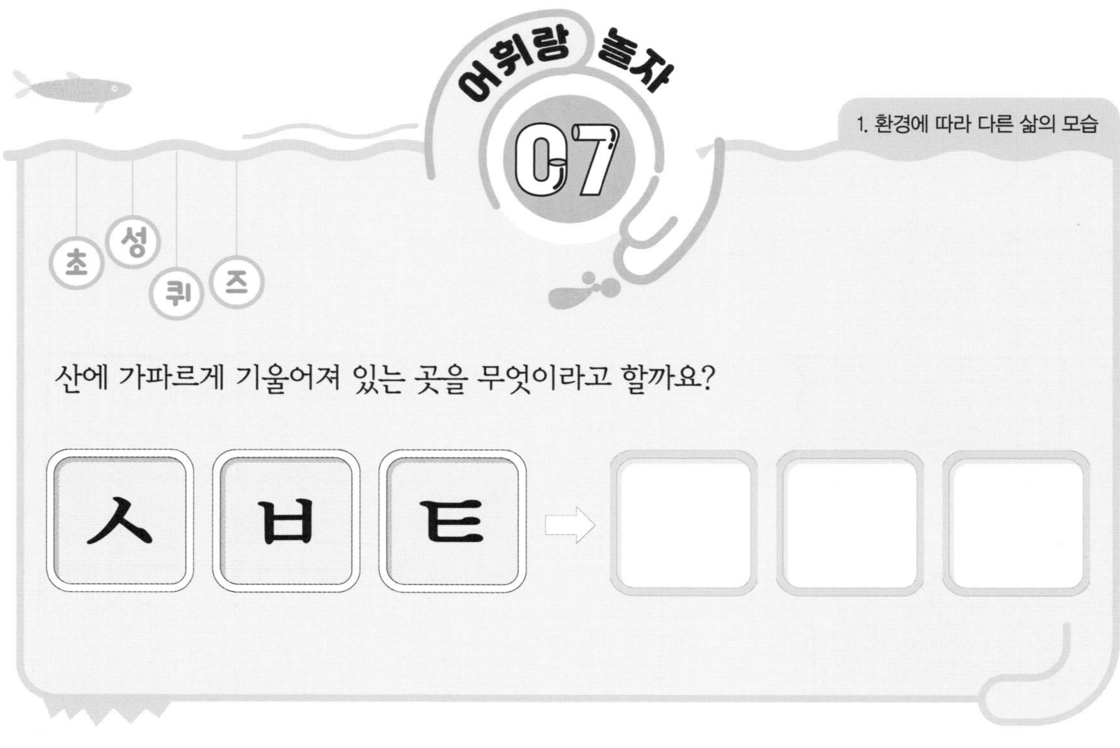
어휘랑 놀자
07
초 성 퀴 즈
ㅅ
ㅂ
ㅌ

산에 가파르게 기울어져 있는 곳을 무엇이라고 할까요?

등산을 해요!

어쩌냥이 등산을 하려고 해요. '산비탈'에 있는 ○, × 문제를 잘 풀면 정상에 도착할 수 있대요. 문제를 읽고 맞으면 ○에, 틀리면 ×에 표시하면서 올라가 보세요.

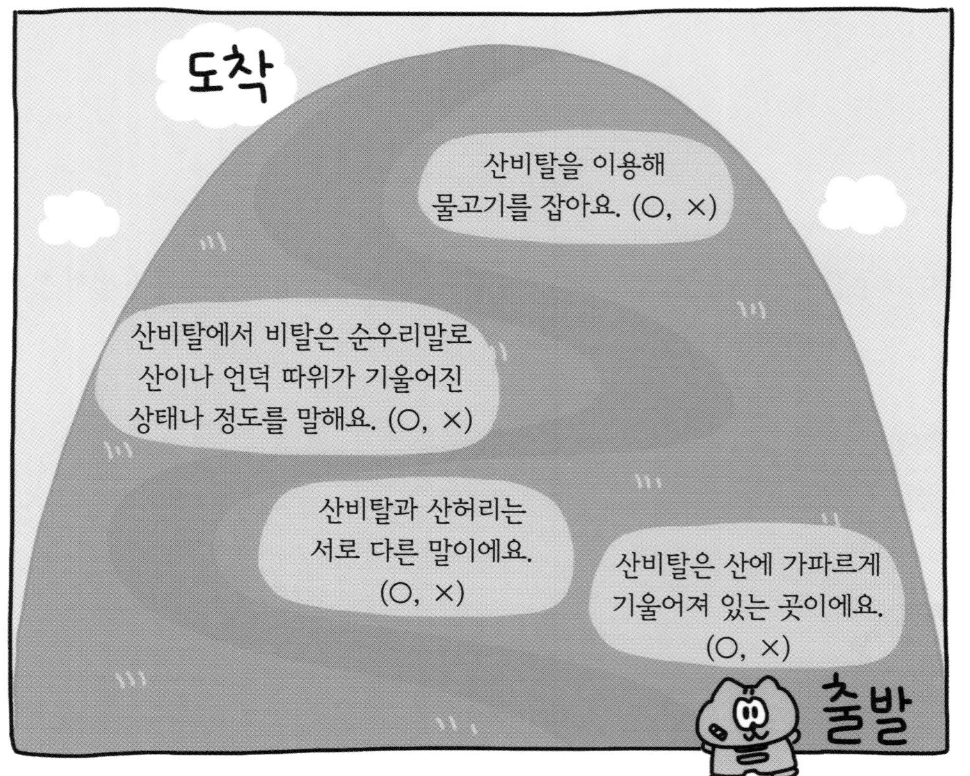
도착
산비탈을 이용해 물고기를 잡아요. (○, ×)
산비탈에서 비탈은 순우리말로 산이나 언덕 따위가 기울어진 상태나 정도를 말해요. (○, ×)
산비탈과 산허리는 서로 다른 말이에요. (○, ×)
산비탈은 산에 가파르게 기울어져 있는 곳이에요. (○, ×)
출발

정답 109쪽

글자표에서 숨은 어휘 찾기

다음 글자판에서 '산에 가파르게 기울어져 있는 곳'을 뜻하는 어휘를 찾고, 비슷한 말도 찾아서 ○표 하세요.

과	수	원	공	장
사	막	산	하	천
강	비	양	기	산
탈	갯	식	주	허
수	벌	장	택	리

냥냥이와 문장대결

'산비탈'이라는 어휘를 넣어 괜찬냥과 문장 대결을 펼쳐 볼까요?

주말에 가족들과 함께 산비탈을 이용하여 만든 스키장에 다녀왔어.

어휘랑 놀자
08
초 성 퀴 즈

여관이나 호텔 따위에서 잠을 자고 머무르는 것을 무엇이라고 할까요?

ㅅ ㅂ → ☐ ☐

횡단보도 끝말잇기

어쩌냥이 횡단보도를 건너려면 '숙박'으로 시작하는 끝말잇기 어휘를 적으면서 가야 해요. 어쩌냥이 안전하게 횡단보도를 건널 수 있게 도와주세요.

숙박

정답 110쪽

뜻을 더하는 말 – 시설

관광객이나 여행객이 잠을 자고 머무를 수 있도록 만든 시설을 '숙박 시설'이라고 해요. 이와 같이 뒤에 '시설'이 합쳐진 말을 더 찾아 빈칸에 적어 보세요.

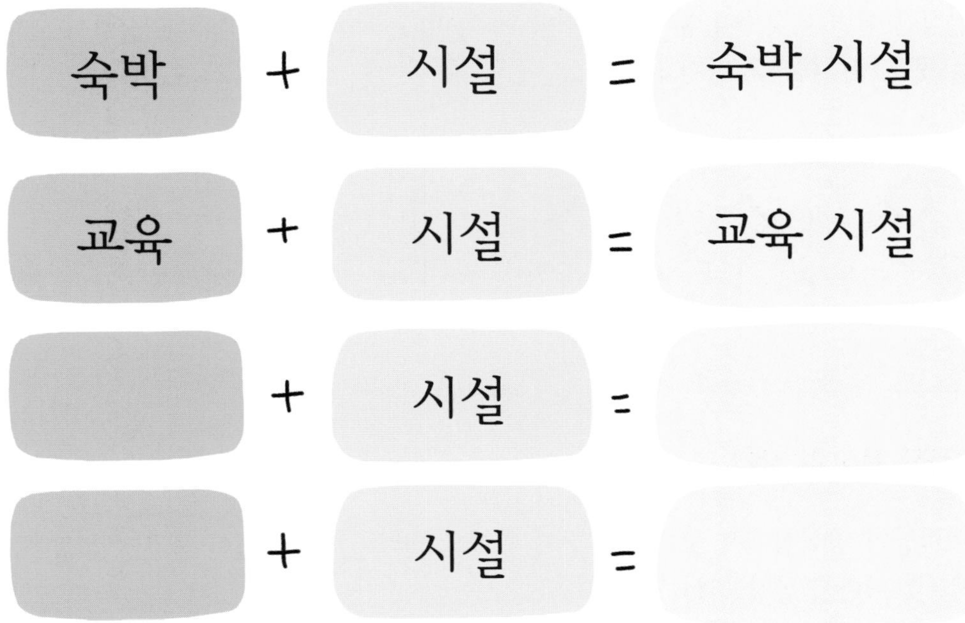
숙박
+
시설
=
숙박 시설
교육
+
시설
=
교육 시설
+
시설
=
+
시설
=

냥냥이와 문장대결 '숙박'이라는 어휘를 넣어 알갓냥과 문장 대결을 펼쳐 볼까요?

우리 할아버지께서는 숙박 시설을 운영하셔.

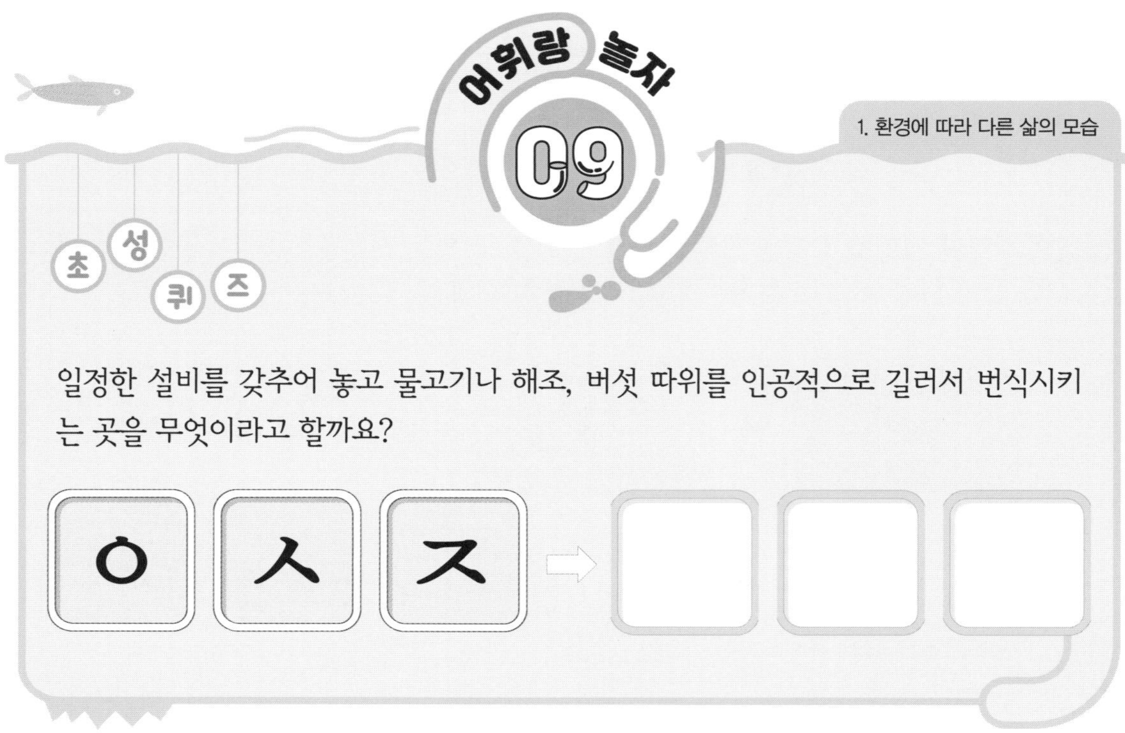
어휘랑 놀자
09
초 성 퀴 즈

일정한 설비를 갖추어 놓고 물고기나 해조, 버섯 따위를 인공적으로 길러서 번식시키는 곳을 무엇이라고 할까요?

ㅇ ㅅ ㅈ → [ ] [ ] [ ]

양식장 물고기 잡기

머라냥이 양식장에서 물고기를 잡고 있어요. 바른 설명이 적힌 물고기만 잡을 수 있대요. 몇 마리를 잡았을까요?

우리가 자주 먹는 김은 양식장에서 대부분 길러요.
바다에 양식장을 만들어 물고기, 굴, 김, 미역 등을 길러요.
바닷가에 하얗게 떠 있는 것들은 양식장을 표시하는 것이에요.
우리가 먹는 해산물은 모두 다 양식장에서 기른 것들이에요.

총(　　)마리

정답 110쪽

3단 끝말잇기

냥냥이들이 '양식장'에서 기르는 것들로 시작하는 3단 끝말잇기를 하고 있어요. 빈칸을 채워 보세요.

김	➡	김밥	➡	밥그릇
미역	➡		➡	
굴	➡		➡	

냥냥이와 문장대결

'양식장'이라는 어휘를 넣어 머라냥과 문장 대결을 펼쳐 볼까요?

우리가 매일 먹는 김은 대부분 김 양식장에서 기른 거래.

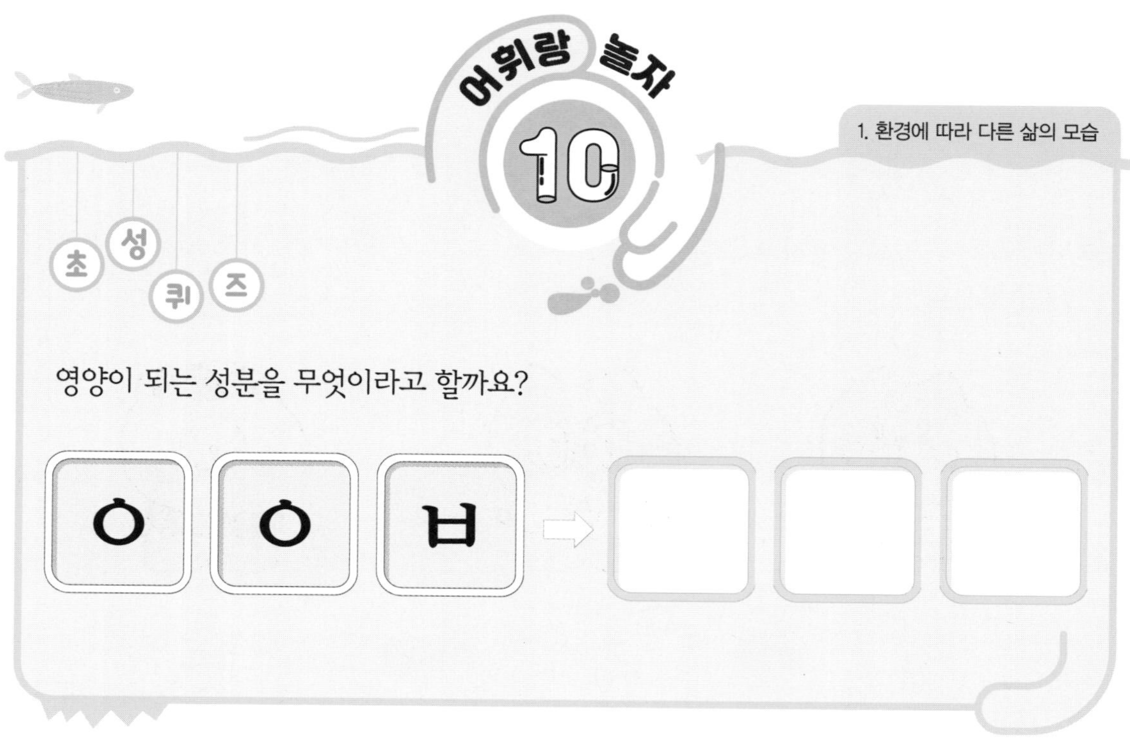
어휘랑 놀자
10
초 성 퀴 즈
ㅇ
ㅇ
ㅂ

영양이 되는 성분을 무엇이라고 할까요?

공통 어휘를 찾아라!

다음 냥냥이들의 말에 공통으로 들어갈 어휘를 찾아 적어 주세요.

사람들은 음식물을 통해 ( )을 흡수해.
알갔냥
우유에는 성장기 어린이에게 필요한 좋은 ( )이 아주 많아.
괜찮냥
음식을 골고루 먹어야 ( )을 다양하게 섭취할 수 있어.
예뽀냥
( )을 골고루 섭취할 수 있도록 균형 잡힌 식단을 짜야 해.
모르냥

정답:

정답 110쪽

'영양'에 뜻을 더하는 말

'영양분'이란 말은 '영양'에 '성분'의 뜻을 더하는 '분'이 합하여 만들어졌어요. 이처럼 '영양'에 뜻을 더하여 사용되는 어휘들을 더 알아볼까요?

영양
+
분
성분을 뜻함.
=
영양분
영양
+
값을 뜻함.
=
영양
+
약을 뜻함.
=
영양
+
성질을 가진 성분이나
요소를 뜻함.
=

냥냥이와 문장대결

'영양분'이라는 어휘를 넣어 모르냥과 문장 대결을 펼쳐 볼까요?

키가 쑥쑥 크려면 칼슘 등의 영양분을 충분히 섭취해야 해.

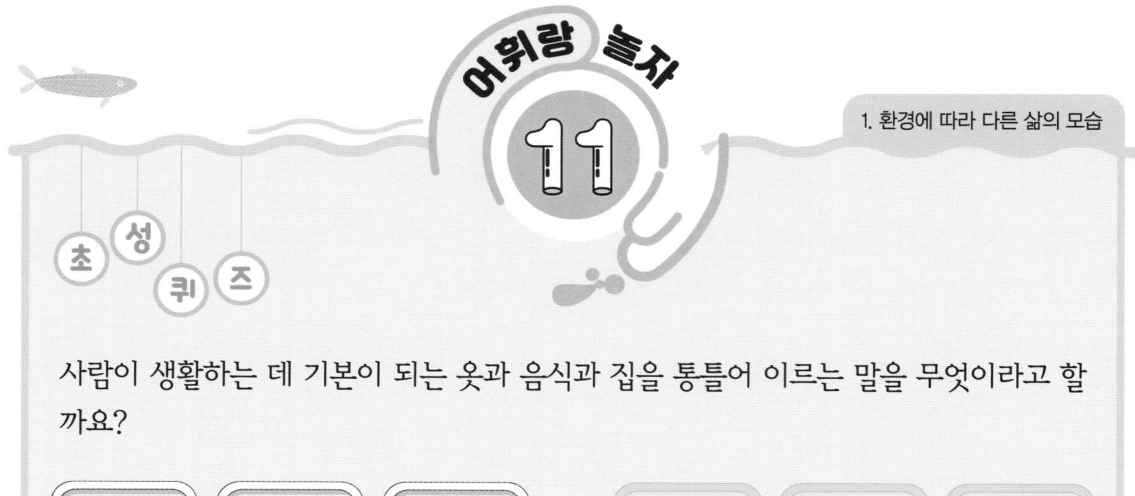
어휘랑 놀자
11
초성퀴즈

사람이 생활하는 데 기본이 되는 옷과 음식과 집을 통틀어 이르는 말을 무엇이라고 할까요?

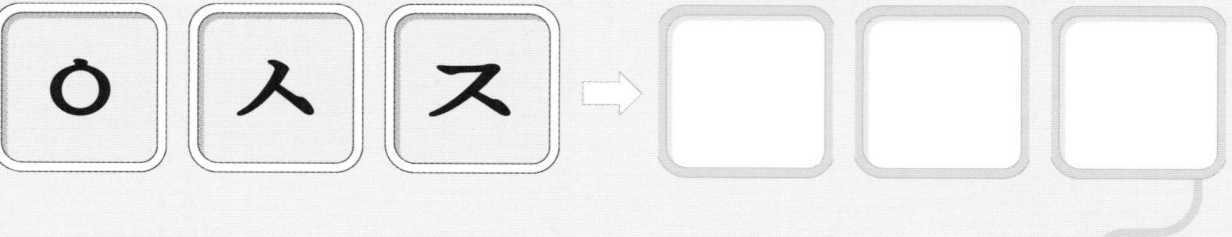
ㅇ
ㅅ
ㅈ

예뽀냥의 일기

예뽀냥의 일기를 읽고, '의식주' 중 의생활과 관계있는 부분에는 빨간 동그라미를, 식생활과 관계있는 부분에는 파란 동그라미를, 주생활과 관계있는 부분에는 노란 동그라미를 해 주세요.

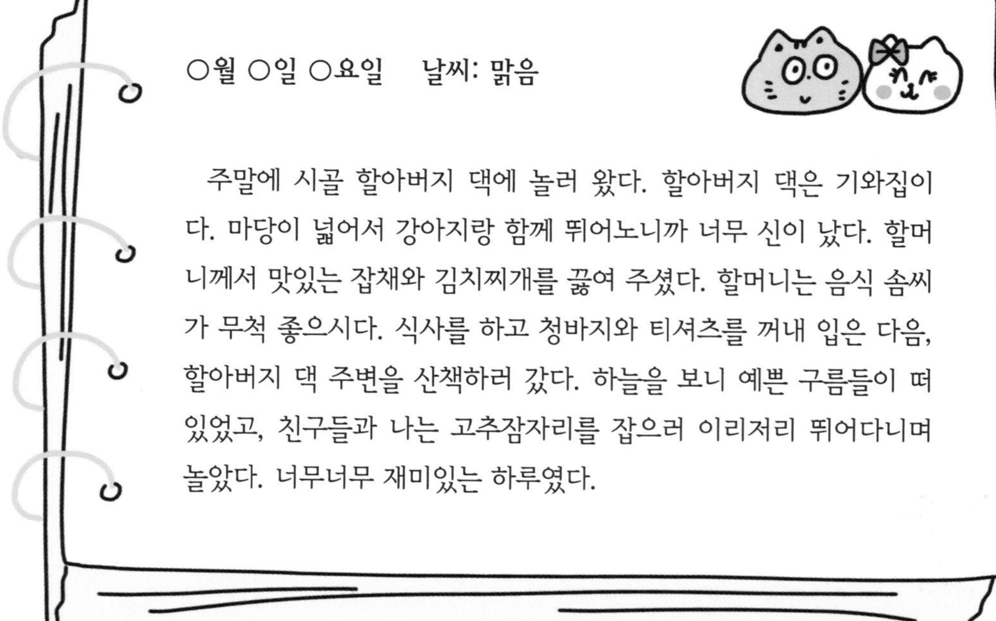
○월 ○일 ○요일 날씨: 맑음
주말에 시골 할아버지 댁에 놀러 왔다. 할아버지 댁은 기와집이다. 마당이 넓어서 강아지랑 함께 뛰어노니까 너무 신이 났다. 할머니께서 맛있는 잡채와 김치찌개를 끓여 주셨다. 할머니는 음식 솜씨가 무척 좋으시다. 식사를 하고 청바지와 티셔츠를 꺼내 입은 다음, 할아버지 댁 주변을 산책하러 갔다. 하늘을 보니 예쁜 구름들이 떠 있었고, 친구들과 나는 고추잠자리를 잡으러 이리저리 뛰어다니며 놀았다. 너무너무 재미있는 하루였다.

정답 110쪽

의식주를 설명해요!

의식주 한자의 뜻과 의생활, 식생활, 주생활의 예를 2가지씩 더 적어 주세요.

한자	뜻과 음	의생활, 식생활, 주생활의 예
依	( ) 의	티셔츠 ( ) ( )
食	( ) 식	불고기 ( ) ( )
住	( ) 주	아파트 ( ) ( )

냥냥이와 문장대결

'의식주'라는 어휘를 넣어 예뽀냥과 문장 대결을 펼쳐 볼까요?

의식주는 사람이 살아가는 데 꼭 필요한 것들이야.

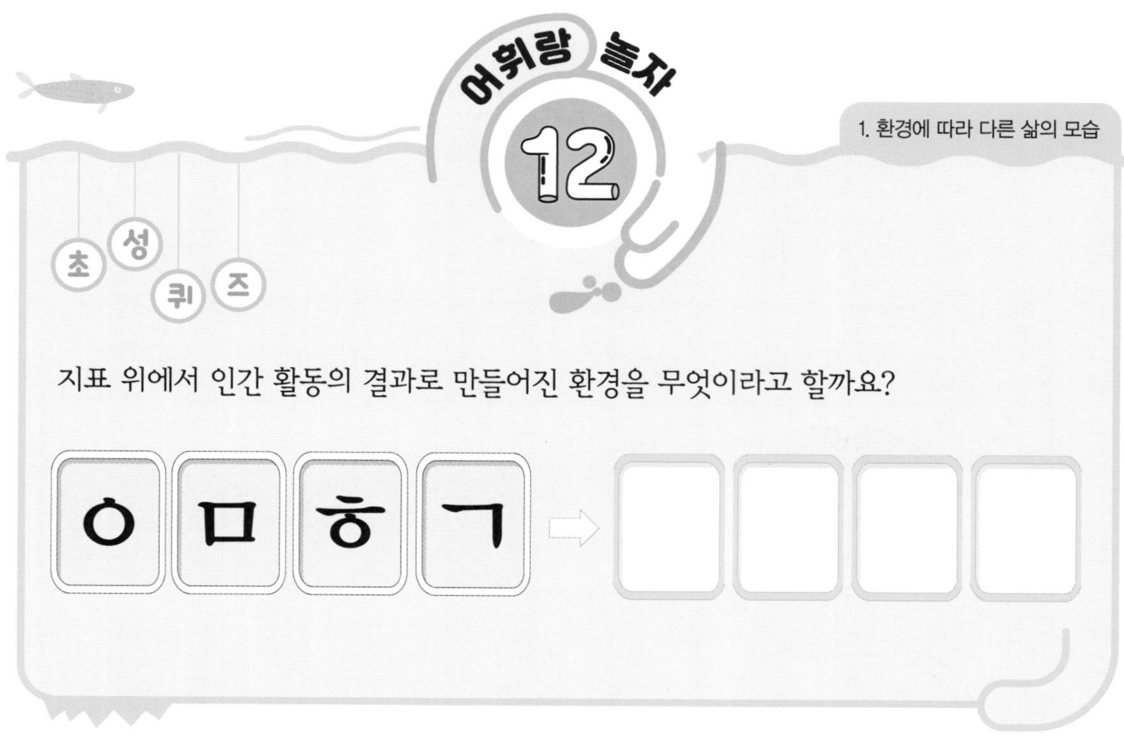
어휘랑 놀자
12
초
성
퀴
즈
지표 위에서 인간 활동의 결과로 만들어진 환경을 무엇이라고 할까요?
ㅇ
ㅁ
ㅎ
ㄱ

십자말풀이

어쩌냥이 낸 문제를 풀어 십자말풀이의 빈칸을 채워 보세요.

가로 열쇠	세로 열쇠
❶ 사람, 차 따위가 잘 다닐 수 있도록 만들어 놓은 비교적 넓은 길 ❷ 사과, 배, 포도, 귤, 감, 바나나 같은 열매 ❸ 지표 위에서 인간 활동의 결과로 만들어진 환경	❶ 일정한 지역의 정치, 경제, 문화의 중심이 되며 사람이 많이 사는 지역 ❷ 과실나무를 심은 밭 ❹ 인간 생활을 둘러싸고 있는 자연계의 모든 요소가 이루는 환경

❶ 도
❹
❷ 과
❸
환

정답 111쪽

노래 가사 바꾸기

'비행기' 노래를 불러보고 '인문환경'을 떠올리며 노래 가사를 바꾸어 보세요.

떴다떴다 비행기 날아라 날아라

인문환경	주변에	무엇이	있을까

높이높이 날아라 우리 비행기

도로 다리	논과밭	공장	과수원

냥냥이와 문장대결

'인문환경'이라는 어휘를 넣어 모르냥과 문장 대결을 펼쳐 볼까요?

논과 밭, 도로, 다리, 공장 등을 인문환경이라고 해.

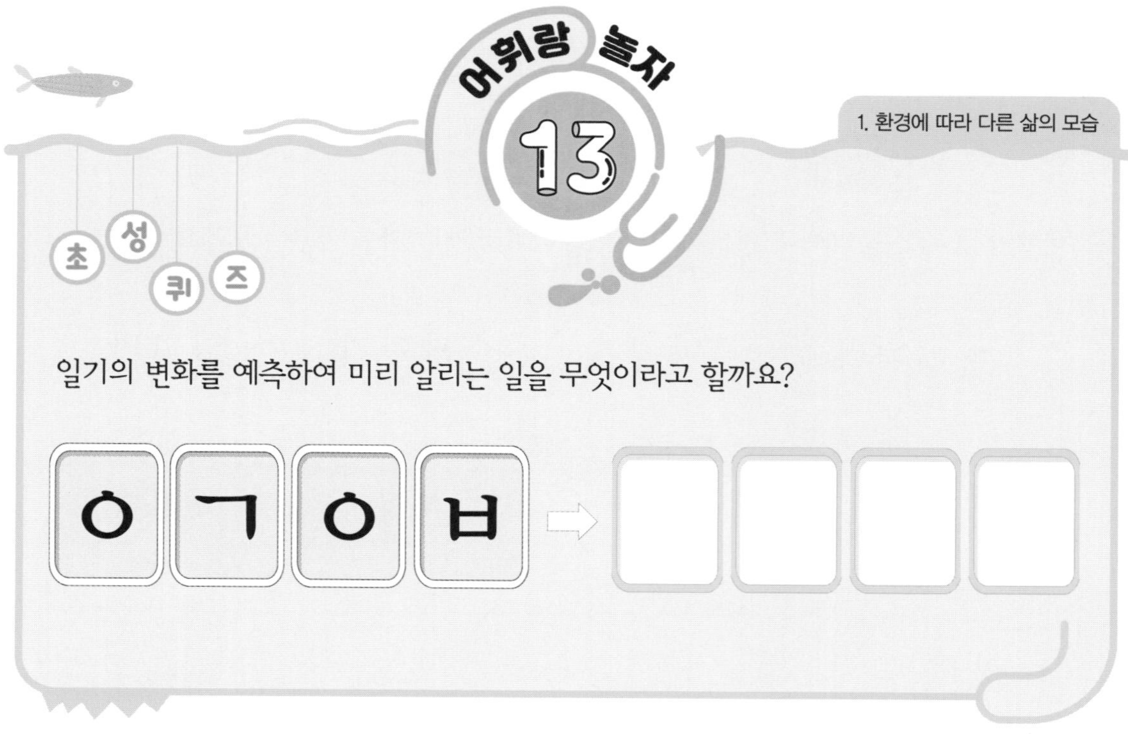
어휘랑 놀자
13
초 성 퀴 즈
ㅇ ㄱ ㅇ ㅂ

일기의 변화를 예측하여 미리 알리는 일을 무엇이라고 할까요?

태양이 환하게 비추어요

'일기 예보'와 관련 있는 어휘를 찾아서 노란색으로 칠해 주세요. 구름에 가려진 태양이 더 환하게 비춰줄 거예요.

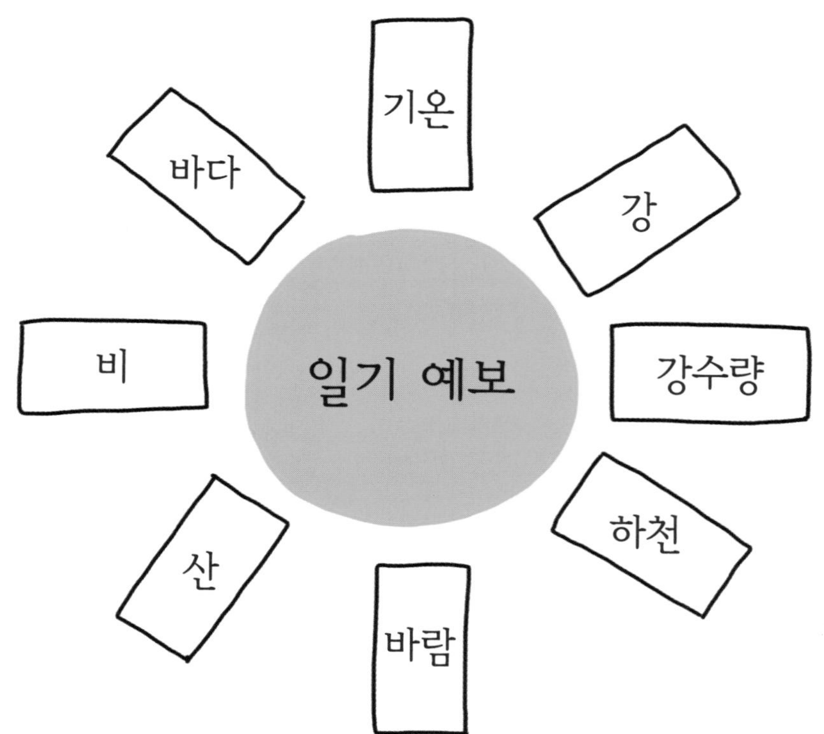
기온
바다
강
비
일기 예보
강수량
산
하천
바람

정답 111쪽

구름 속 숨은 글자는?

'그날그날의 기상 상태'를 나타내는 말을 찾아볼까요? 일기 예보에 대한 바른 설명이 적혀 있는 구름의 글자를 모으면 여러분이 찾는 어휘를 알아낼 수 있어요. 찾은 글자를 빈칸에 쓰세요.

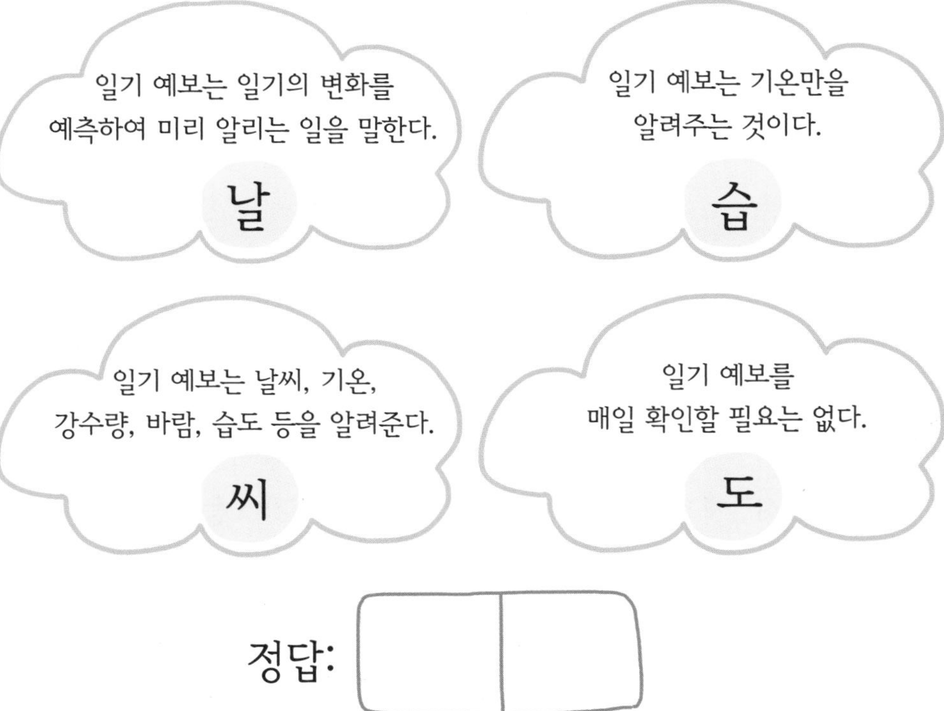

일기 예보는 일기의 변화를 예측하여 미리 알리는 일을 말한다.
날
일기 예보는 기온만을 알려주는 것이다.
습
일기 예보는 날씨, 기온, 강수량, 바람, 습도 등을 알려준다.
씨
일기 예보를 매일 확인할 필요는 없다.
도

정답: ☐☐

냥냥이와 문장대결

'일기 예보'라는 어휘를 넣어 어쩌냥과 문장 대결을 펼쳐 볼까요?

인공위성과 같은 첨단 기술을 이용하기 때문에 일기 예보의 수준도 점점 발전하고 있어.

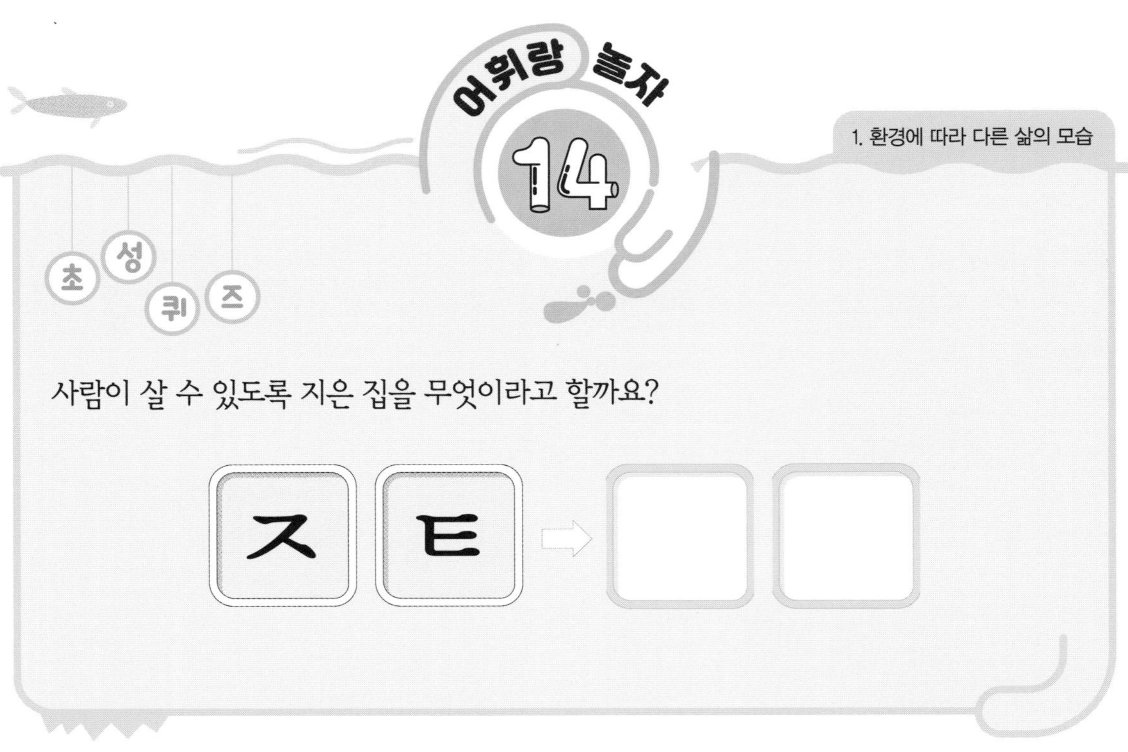
어휘랑 놀자
14
초성 퀴즈

사람이 살 수 있도록 지은 집을 무엇이라고 할까요?

ㅈ ㅌ → □ □

빈칸을 채워라!

어쩌냥이 사회 시간에 배운 어휘를 잊어버렸다고 해요. 빈칸에 들어갈 어휘를 알려 주세요.

❶ □□은
사람이 살 수 있도록
지은 집을 말한다.
❷ □□□는 공동 주택
양식의 하나로, 5층 이상 건물을
여러 집으로 나눈 형태의 집이다.

정답: ❶ □□ ❷ □□□

정답 111쪽

주택 O×퀴즈 풀기

냥냥이들이 주택 O× 퀴즈를 잘 풀 수 있도록 도와주세요. 설명이 맞으면 O에, 틀리면 ×에 동그라미 하세요.

주택과 집과
가옥은 다른
말이다.
(O, ×)
아파트는
공동 주택 양식의
하나이다.
(O, ×)
한 채씩 따로 지은
집을 단독 주택
이라고 한다.
(O, ×)
주택에는 아파트,
단독 주택, 연립
주택 등이 있다.
(O, ×)

냥냥이와 문장대결

'주택'이라는 어휘를 넣어 괜찮냥과 문장 대결을 펼쳐 볼까요?

난 어른이 되면 마당이 넓은 단독 주택에 살고 싶어.

어휘랑 놀자
15
초성 퀴즈
ㅊ
ㄱ
ㅈ

짚이나 갈대 따위로 지붕을 인 집을 무엇이라고 할까요?

보물 상자의 비밀번호를 찾아라!

보물 상자에 비밀번호가 걸려 있어요. 다음은 비밀번호를 풀 수 있는 힌트예요. '초가집'에 대한 바른 설명의 번호를 순서대로 적으면 보물 상자의 비밀번호가 된대요. 비밀번호를 알아내어 보물 상자에 적어 주세요.

1 초가집은 지붕을 기와로 얹은 집이에요.
2 초가집에 살던 사람들은 주로 벼농사를 지었어요.
3 초가집 마당에서 농사와 관련된 일을 했어요.
4 초가집은 쓰임새를 나누지 않고 한 공간에서 여러 가지 일을 하며 지냈어요.
5 초가집은 지붕을 볏짚이나 갈대 따위로 얹은 집이에요.

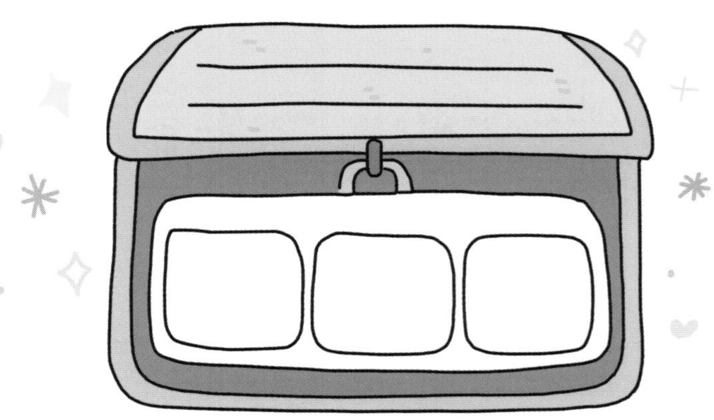

정답 111쪽

다섯 고개의 정답은?

냥냥이 친구들이 '집'에 대해 다섯 고개 놀이를 하고 있어요. 다음 다섯 고개의 정답은 무엇일까요?

'초'로 시작하나요?
예.
두 글자인가요?
아니요.
옛날 집인가요?
예.
도시에서 주로 볼 수 있나요?
아니요.
옛날이야기 속에서 흥부가 살고 있던 집인가요?
예.
정답은 (　　　)이야.

냥냥이와 문장대결

'초가집'이라는 어휘를 넣어 알갓냥과 문장 대결을 펼쳐 볼까요?

민속촌에서 초가집을 처음 봤는데, 굉장히 소박하고 정겨운 느낌이 들었어.

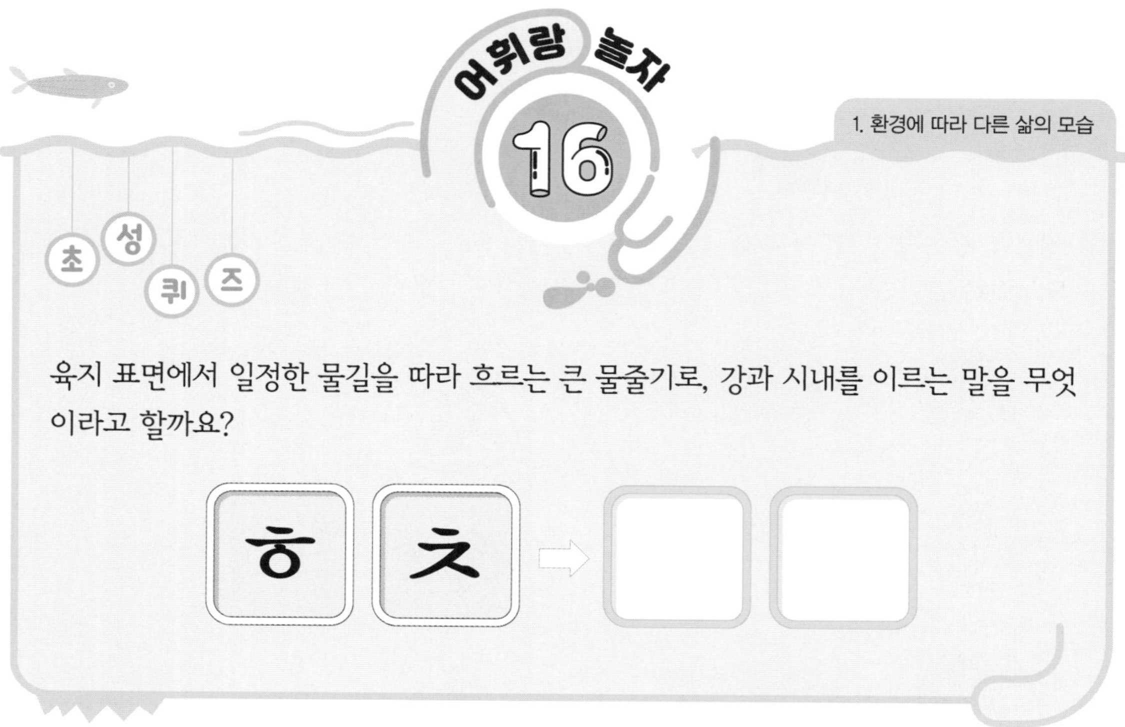
어휘랑 놀자
16
초성 퀴즈
ㅎ ㅊ

육지 표면에서 일정한 물길을 따라 흐르는 큰 물줄기로, 강과 시내를 이르는 말을 무엇이라고 할까요?

하천 건너기

모르냥이 하천을 건너려고 해요. 하천에 대한 바른 설명이 적힌 돌을 밟아야 하천을 건널 수 있어요. 머라냥이 하천을 무사히 건널 수 있도록 바른 설명이 적힌 돌에 갈색을 칠해 주세요.

출발
하천 주변에는 산책로가 없다.
하천은 크고 작은 강이나 시내를 아울러 이르는 말이다.
설악산과 한라산은 하천이다.
사람들은 하천의 물을 이용하여 생활하거나 농사를 짓는다.
도착

정답 111쪽

골든벨을 울려라!

냥냥이들이 마지막 퀴즈만 풀면 골든벨을 울릴 수 있대요. 어떤 냥냥이가 정답을 맞혔을까요?

50. 하천이나 골짜기를 막아 만든 인공 연못을 무엇이라고 할까요?
하늘
바다
저수지
알갓냥
예뻐냥
괜찮냥

정답을 맞힌 냥냥이는? [ ][ ][ ]

냥냥이와 문장대결

'하천'이라는 어휘를 넣어 머라냥과 문장 대결을 펼쳐 볼까요?

지난 여름에는 폭우가 내려서 하천이 범람했어.

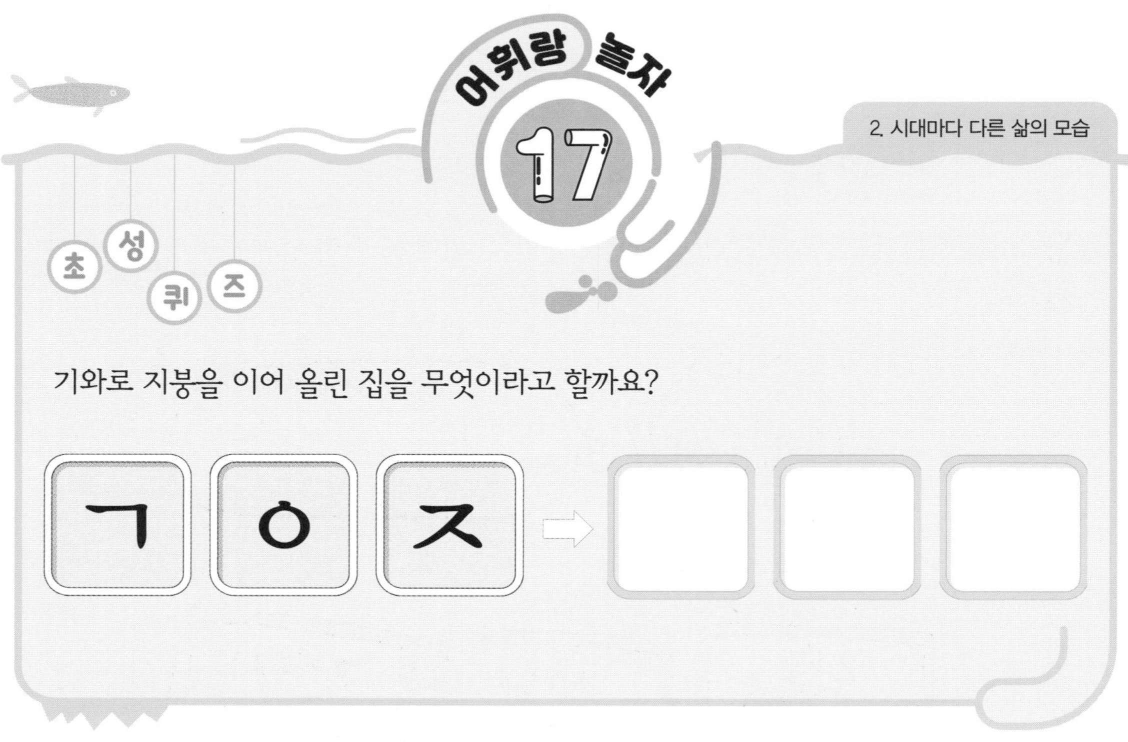
어휘랑 놀자
17
초 성 퀴 즈
기와로 지붕을 이어 올린 집을 무엇이라고 할까요?
ㄱ ㅇ ㅈ

머라냥 집 현관 비밀번호는?

머라냥의 집은 현대식으로 지은 기와집이에요. 현관 비밀번호의 마지막 숫자를 잊어버린 머라냥을 위해 '기와집'에 대한 바른 설명을 찾아 머라냥 집 현관의 비밀번호 마지막 숫자에 색칠해 주세요.

1	기와집은 볏짚을 지붕으로 얹은 집이다.
4	기와집은 일 년에 한 번씩 지붕을 새로 덮어야 한다.
7	기와는 흙을 구워 만들었기 때문에 튼튼하고 잘 썩지 않는다.
0	기와집은 생활 공간이 구분되어 있지 않다.

1 2 3
4 5 6
7 8 9
* 0 #

정답 112쪽

알맞은 설명을 찾아라!

'기와집'과 관련 있는 어휘에 맞는 설명을 찾아 선으로 이어 주세요.

(1) 기와	주로 여자들이 생활했던 공간
(2) 기와집	흙으로 구워 만들었음.
(3) 안채	기와를 지붕으로 얹은 집
(4) 사랑채	주로 남자들이 생활했던 공간

냥냥이와 문장대결

'기와집'이라는 어휘를 넣어 예뽀냥과 문장 대결을 펼쳐 볼까요?

기와집은 안채와 사랑채 등으로 구성되어 있어.

____

어휘랑 놀자
18
초성퀴즈
ㄱ
ㅇ

원하는 일이 이루어지기를 비는 것을 무엇이라고 할까요?

냥냥이를 찾아주세요

다음 중 '기원'과 비슷한 말이 적힌 어휘 풍선을 들고 있는 냥냥이는 누구일까요?

발원
유래
기자
발사
알갓냥
예뽀냥
괜찬냥
어쩌냥

정답:

정답 112쪽

글자는 같지만 뜻이 달라요!

'기원'은 '원하는 일이 이루어지길 빌다'와 '사물이 처음으로 생긴 근원'이라는 두 가지 뜻을 가지고 있어요. 다음 중 '기원'을 다른 의미로 사용한 냥냥이는 누구인지 적어 보세요.

우리 조상들은 정월 대보름에 달을 보며 소원을 빌고 풍년을 기원했어.
머라냥
새해에 해돋이를 보며 우리 가족의 건강을 기원했어.
괜찬냥
사람들이 언제부터 지구에 살았는지 기원을 알아보고 싶어.
예뽀냥
네가 언제나 행복하기를 기원할게.
모르냥

정답:

냥냥이와 문장대결

'기원'이라는 어휘를 넣어 모르냥과 문장 대결을 펼쳐 볼까요?

나는 우리 가족의 건강과 행복을 기원했어.

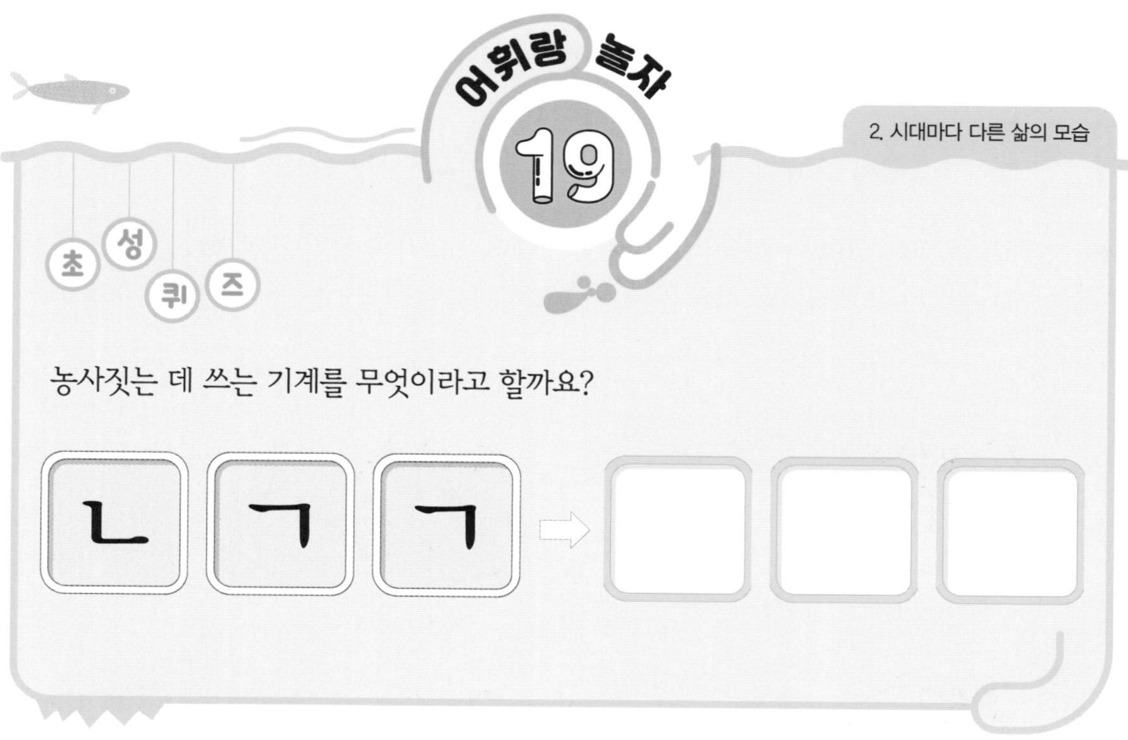
어휘랑 놀자
19
초 성 퀴 즈
농사짓는 데 쓰는 기계를 무엇이라고 할까요?
ㄴ
ㄱ
ㄱ

O× 퀴즈의 정답을 맞혀라!

O× 퀴즈를 풀며 공부를 하고 있는데 조금 헷갈리네요. 다음 문제를 읽고 O와 × 중 어느 버튼을 눌러야 할지 선택해서 버튼에 ∨표 하세요.

문제	O × 버튼	
농사짓는 데 쓰는 기계를 '농기계'라고 한다.	O	×
농업 기계를 줄여서 '농기계'라고 한다.	O	×
조선 시대에도 '농기계'가 있어서 농사를 편리하고 쉽게 지었다.	O	×

정답 112쪽

선으로 연결하기

농기계에 대해 잘 알고 있나요? 사진의 농기계 이름과 설명을 바르게 연결해 보세요.

탈곡기 / 콤바인 / 경운기

곡식을 베는 일과 탈곡하는 일을 한꺼번에 하는 농기계

동력을 이용하여 논밭을 갈아 일구며 흙덩이를 부수는 농기계

익은 곡식의 낟알을 이삭에서 떨어내는 농기계

냥냥이와 문장대결

'농기계'라는 어휘를 넣어 어쩌냥과 문장 대결을 펼쳐 볼까요?

농기계를 사용하면서 사람들은 더 많은 곡식과 채소 등을 얻게 되었어.

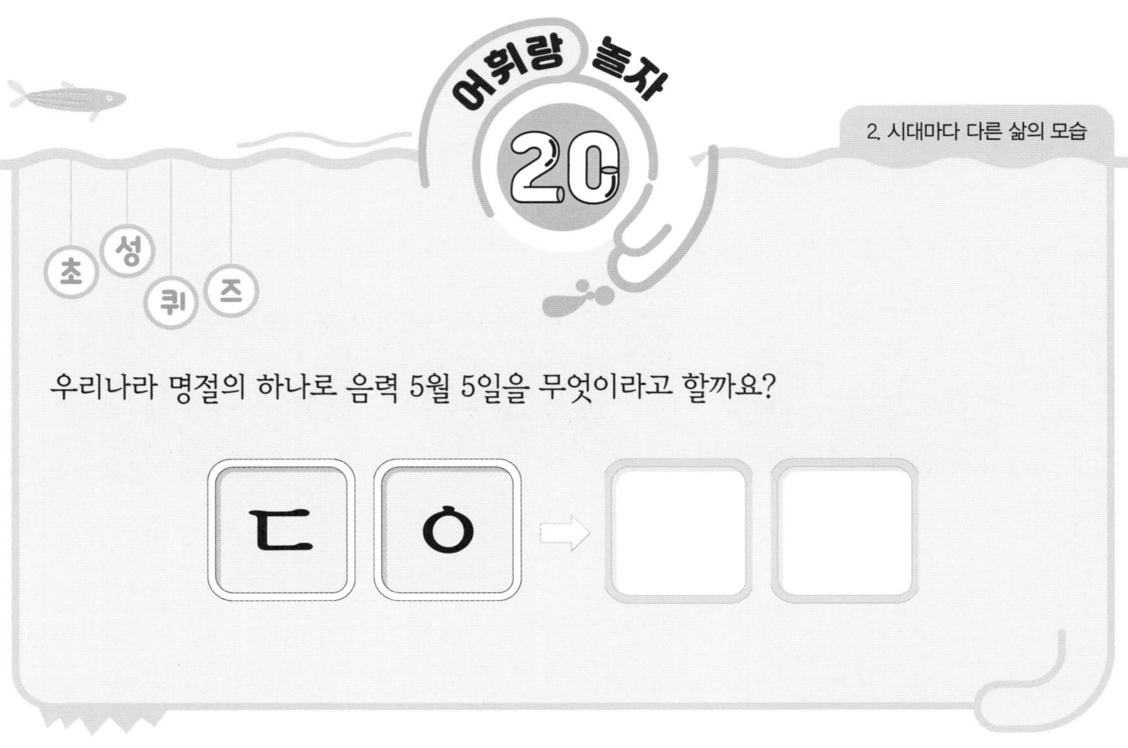
어휘랑 놀자
20
초 성 퀴 즈
ㄷ
ㅇ

우리나라 명절의 하나로 음력 5월 5일을 무엇이라고 할까요?

집 찾아가기

알갓냥이 '단오'에 대한 ○, × 문제를 풀어야 집에 갈 수 있대요. 함께 길을 찾아 주세요.

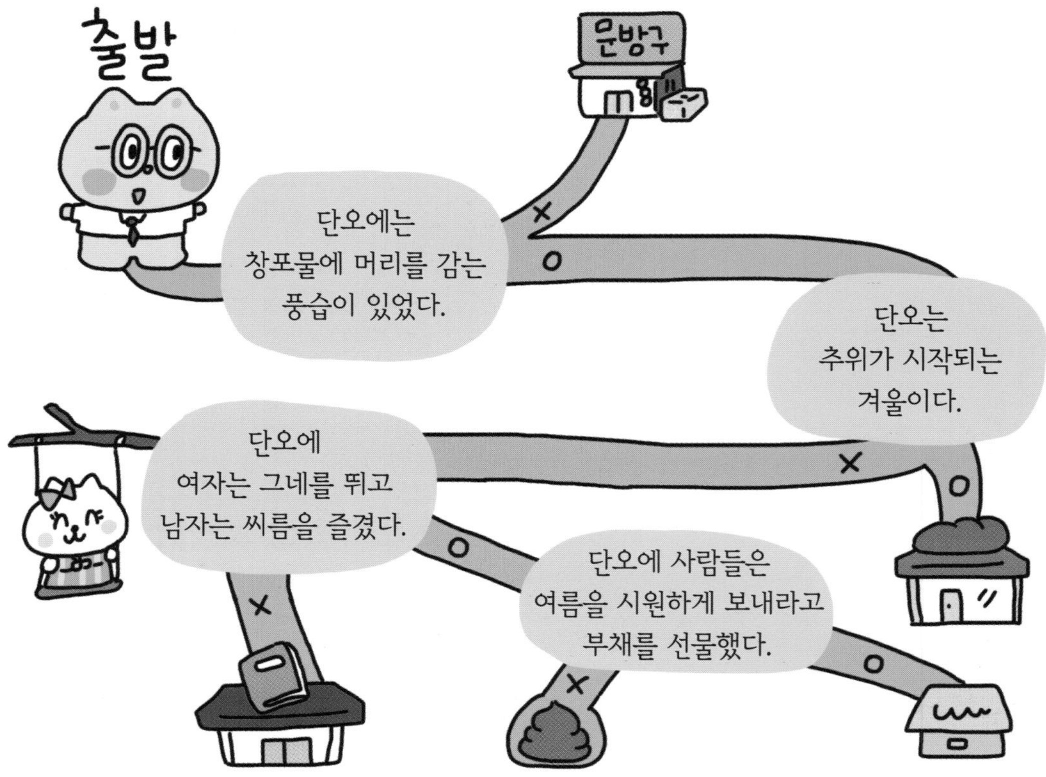
출발
문방구
단오에는
창포물에 머리를 감는
풍습이 있었다.
×
O
단오는
추위가 시작되는
겨울이다.
단오에
여자는 그네를 뛰고
남자는 씨름을 즐겼다.
×
O
O
×
단오에 사람들은
여름을 시원하게 보내라고
부채를 선물했다.
×
O

정답 112쪽

단오 부채 만들기

우리 조상들은 더위가 시작되는 단오에 부채를 선물했다고 해요. 여러분도 부채에 단오와 관련된 그림을 그려 보세요.

그림 예시	창포물에 머리 감기, 그네뛰기, 씨름 등

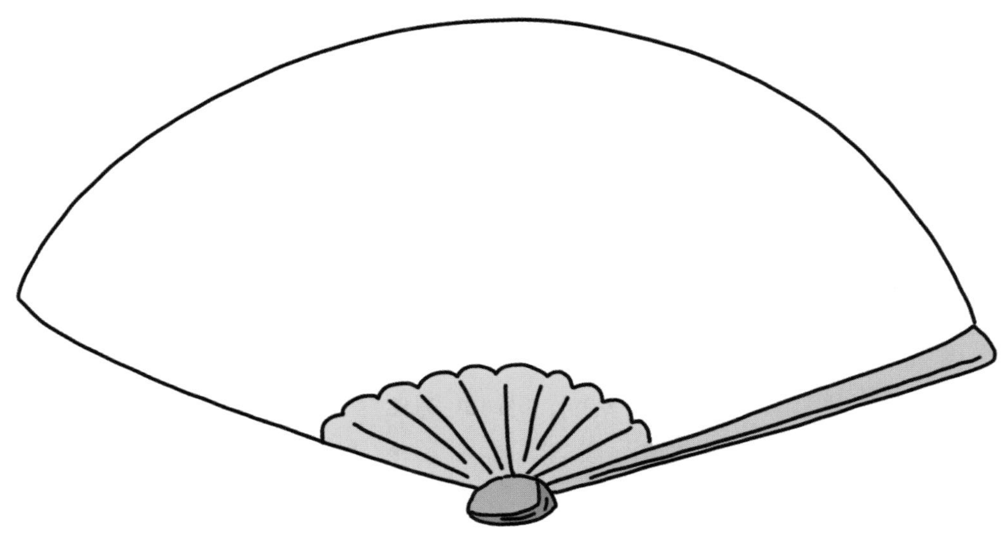

냥냥이와 문장대결

'단오'라는 어휘를 넣어 괜찬냥과 문장 대결을 펼쳐 볼까요?

사회 시간에 단오가 우리나라 명절이란 것을 처음 배웠어.

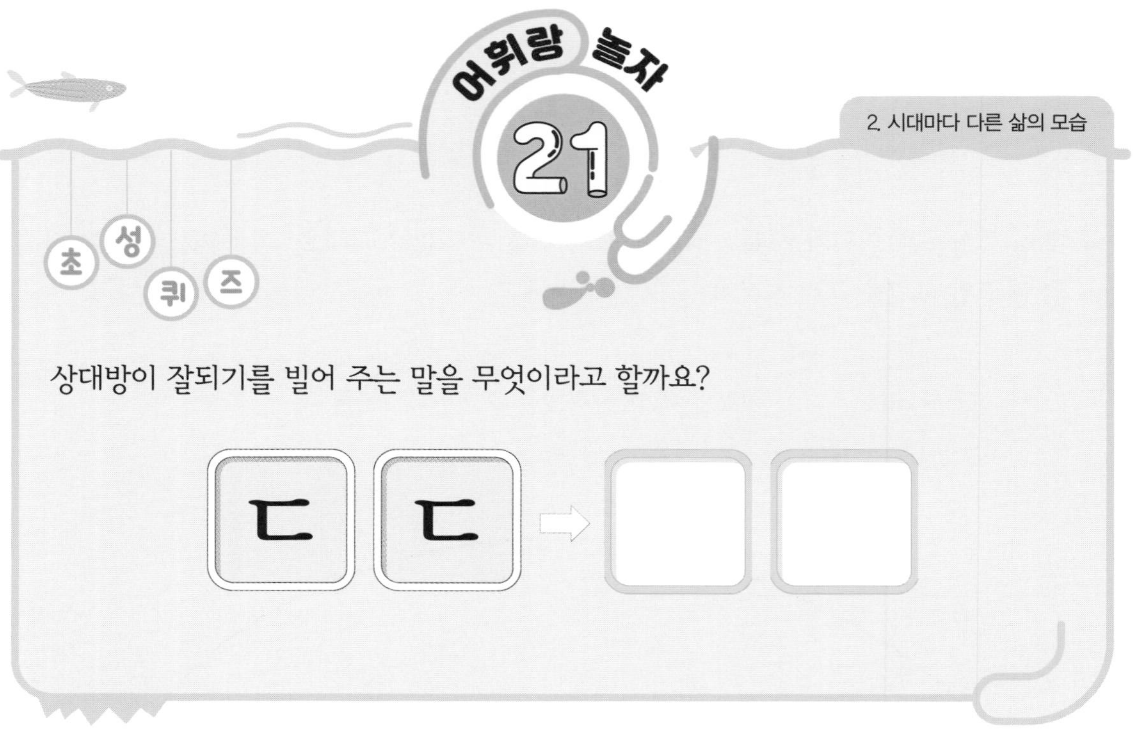
어휘랑 놀자
21
초
성
퀴
즈
상대방이 잘되기를 빌어 주는 말을 무엇이라고 할까요?
ㄷ
ㄷ

초성 퀴즈

주어진 초성으로 어휘 만들기 놀이를 하려고 해요. 아래처럼 서술어도 괜찮으니 할 수 있는 만큼 빈칸을 채워 보세요.

듣다
덕담
두다
ㄷ ㄷ

정답 113쪽

내가 듣고 싶은 덕담은?

여러분이 듣고 싶은 덕담과 그 까닭을 적어 보세요.

듣고 싶은 덕담
까닭

냥냥이와 문장대결

'덕담'이라는 어휘를 넣어 알갓냥과 문장 대결을 펼쳐 볼까요?

새해가 되었으니 서로 덕담을 주고받자.

어휘랑 놀자
22
초 성 퀴 즈

어떤 일을 할 때 쓰는 연장을 통틀어 이르는 말을 무엇이라고 할까요?

ㄷ ㄱ → □ □

숫자 퍼즐

주어진 숫자에 알맞은 색을 칠하면 숨어 있는 글자가 나타나요. 색을 칠해서 어떤 글자인지 찾아 쓰세요.

1	1	1	1	2	3	3	3	3	2
1	2	2	2	2	2	2	2	3	2
1	2	2	2	2	2	2	2	3	2
1	1	1	1	2	3	3	3	3	3
2	1	2	2	2	2	2	2	3	2
2	1	2	2	2	2	2	2	3	2
1	1	1	1	2	2	2	2	3	2

1: 파랑, 2: 노랑, 3: 초록

정답:

정답 113쪽

숨은그림찾기

머라냥의 집에는 여러 가지 도구가 숨어 있어요. 숨어 있는 다음 도구를 찾아서 ○표 하세요.

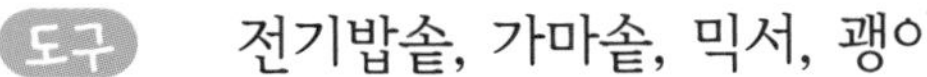
도구
전기밥솥, 가마솥, 믹서, 괭이

냥냥이와 문장대결

'도구'라는 어휘를 넣어 머라냥과 문장 대결을 펼쳐 볼까요?

내 책상 위에는 다양한 학습 도구가 있어.

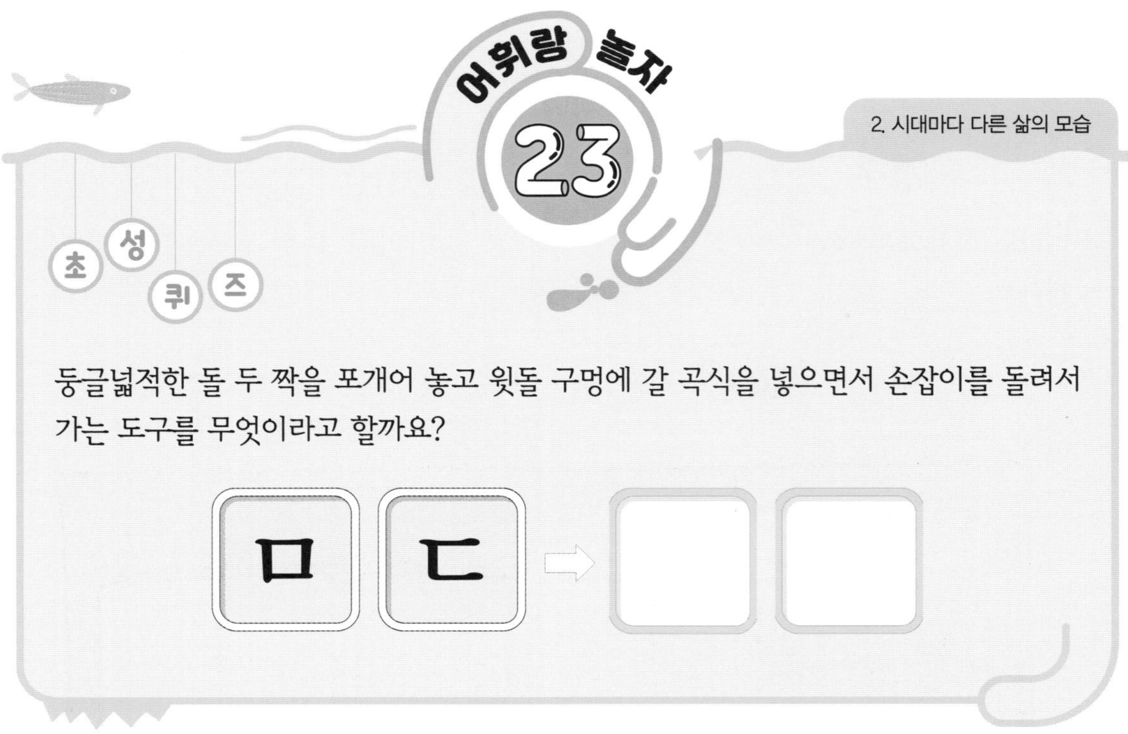
어휘랑 놀자
23
초성 퀴즈

둥글넓적한 돌 두 짝을 포개어 놓고 윗돌 구멍에 갈 곡식을 넣으면서 손잡이를 돌려서 가는 도구를 무엇이라고 할까요?

ㅁ ㄷ →

난 누구일까요?

냥냥이들이 '난 누구일까요?' 놀이를 하고 있어요. 예뽀냥이 설명하는 물건은 무엇인지 적어 보세요.

❶ 나는 옛날에 주로 사용했던 물건이야.
❷ 나는 둥글넓적한 돌 두 짝이 아래위로 포개어져 있어.
❸ 나는 곡식을 가는 데 쓰는 도구야.
❹ 나는 윗돌 구멍에 갈 곡식을 넣어.
❺ 나는 요즘 믹서와 쓰임새가 비슷해.

정답:

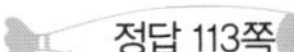
정답 113쪽

숫자 연결하기

숫자를 순서대로 따라가면서 선을 연결하면 어떤 도구가 보인다고 해요. 선을 이었을 때 나타나는 도구의 이름을 쓰세요.

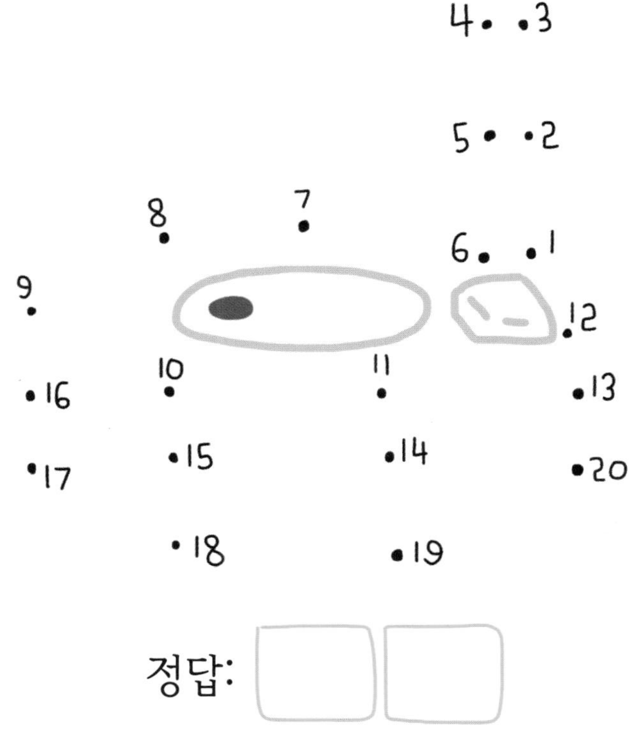
4 3
5 2
8 7 6 1
9 12
16 10 11 13
17 15 14 20
18 19
정답:

냥냥이와 문장대결

'맷돌'이라는 어휘를 넣어 예뻐냥과 문장 대결을 펼쳐 볼까요?

어제 저녁에 엄마가 맷돌로 녹두를 갈아서 빈대떡을 해 주셨는데 정말 맛있었어.

어휘랑 놀자
24
초 성 퀴 즈

실을 뽑아서 천을 짜 내는 기계를 무엇이라고 할까요?

ㅂ ㅈ ㄱ →

자음과 모음 조합하기

다음 자음과 모음이 적힌 공 중에서 알맞은 것을 선택해서 '실을 뽑아 천을 짜 내는 기계'를 뜻하는 어휘를 만들어 보세요.

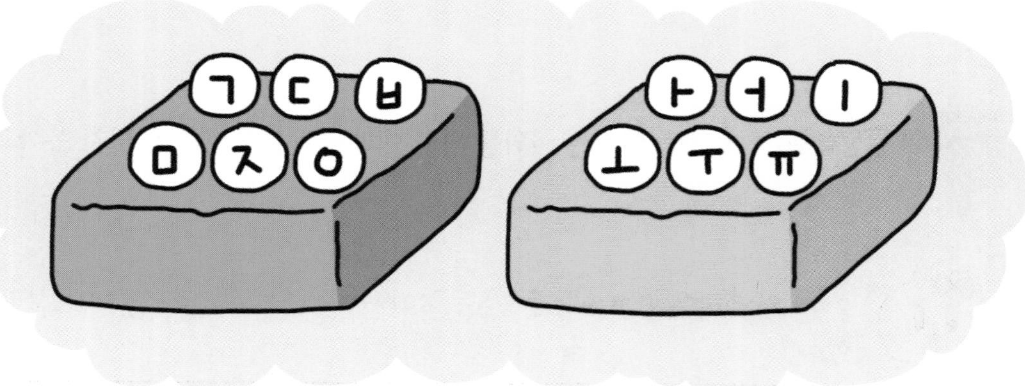
ㄱ ㄷ ㅂ
ㅁ ㅈ ㅇ
ㅏ ㅓ ㅣ
ㅗ ㅜ ㅠ

정답:

정답 114쪽

선으로 연결하기

오른쪽에 있는 도구나 기계에 대해 바르게 설명한 내용을 왼쪽에서 찾아 선으로 이어 주세요.

(1) 베틀	선사 시대에 식물의 줄기를 꼬아 실을 만들었던 도구
(2) 가락바퀴	실을 뽑아서 천을 짜 내는 기계를 통틀어 이르는 말
(3) 방직기	옛날에 사용했던 도구로 삼베, 명주, 무명 따위의 옷감을 짜는 틀
(4) 재봉틀	바느질을 하는 기계

냥냥이와 문장대결

'방직기'라는 어휘를 넣어 모르냥과 문장 대결을 펼쳐 볼까요?

오늘날에는 방직기라는 기계를 사용해서 옷감을 빠르게 만들어.

어휘랑 놀자 25

초
성
퀴
즈

음력 정월 초하룻날 새벽에 부엌이나 안방, 마루 따위의 벽에 걸어 놓은 조리를 무엇이라고 할까요?

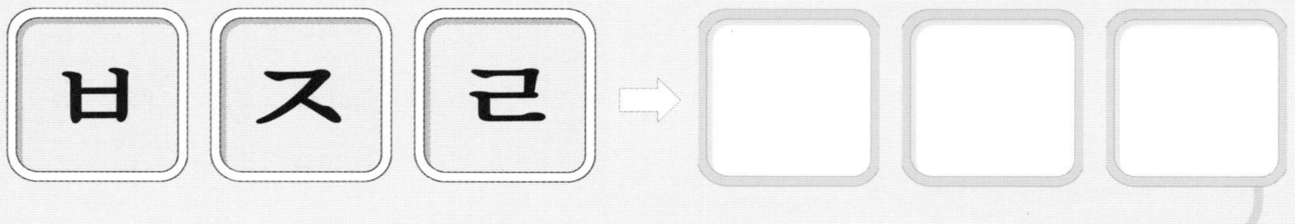
ㅂ
ㅈ
ㄹ

바른 설명을 찾아라!

복조리는 '복'과 '조리'를 합해서 만든 말이에요. 아래 설명 칸에서 각각의 어휘에 해당하는 바른 설명을 골라 그 번호를 (　　) 안에 쓰세요.

복 (　　) + 조리 (　　) = 복조리 (　　)

❶ 옛날에 쌀 속에 섞여 있는 모래나 돌을 골라내는 도구 (쌀을 이는 도구)

❷ 음력 정월 초하룻날 새벽에 부엌이나 안방, 마루 따위의 벽에 걸어 놓은 조리. 그해의 복을 조리로 일어 얻는다는 뜻에서 걸어 놓는다고 함.

❸ 삶에서 누리는 좋고 만족할 만한 행운, 또는 거기서 얻은 행복. 한자로 福(복 복)

어떤 모양일까?

다음 그림에서 복조리와 관련된 어휘나 설명이 있는 곳만 노란색으로 칠하면 어떤 모양이 나올까요?

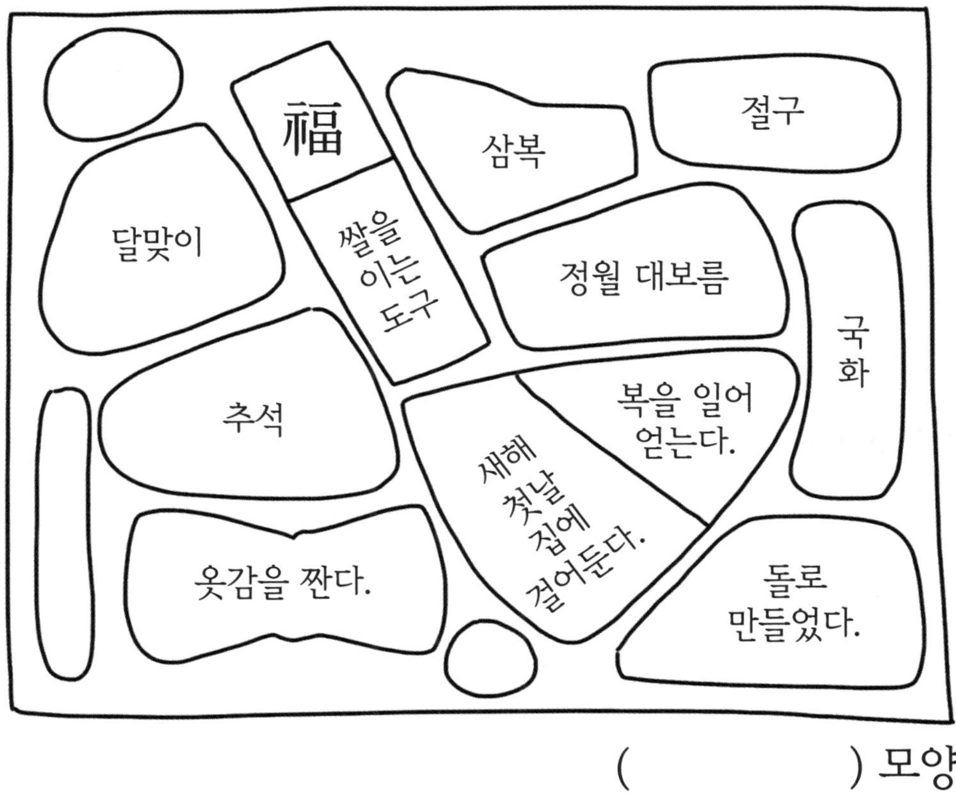
福
삼복
절구
달맞이
쌀을 이는 도구
정월 대보름
국화
추석
복을 일어 얻는다.
새해 첫날 집에 걸어둔다.
옷감을 짠다.
돌로 만들었다.

( ) 모양

냥냥이와 문장대결

'복조리'라는 어휘를 넣어 어쩌냥과 문장 대결을 펼쳐 볼까요?

새해에 복조리를 걸어 놓으면 복이 들어온다고 해.

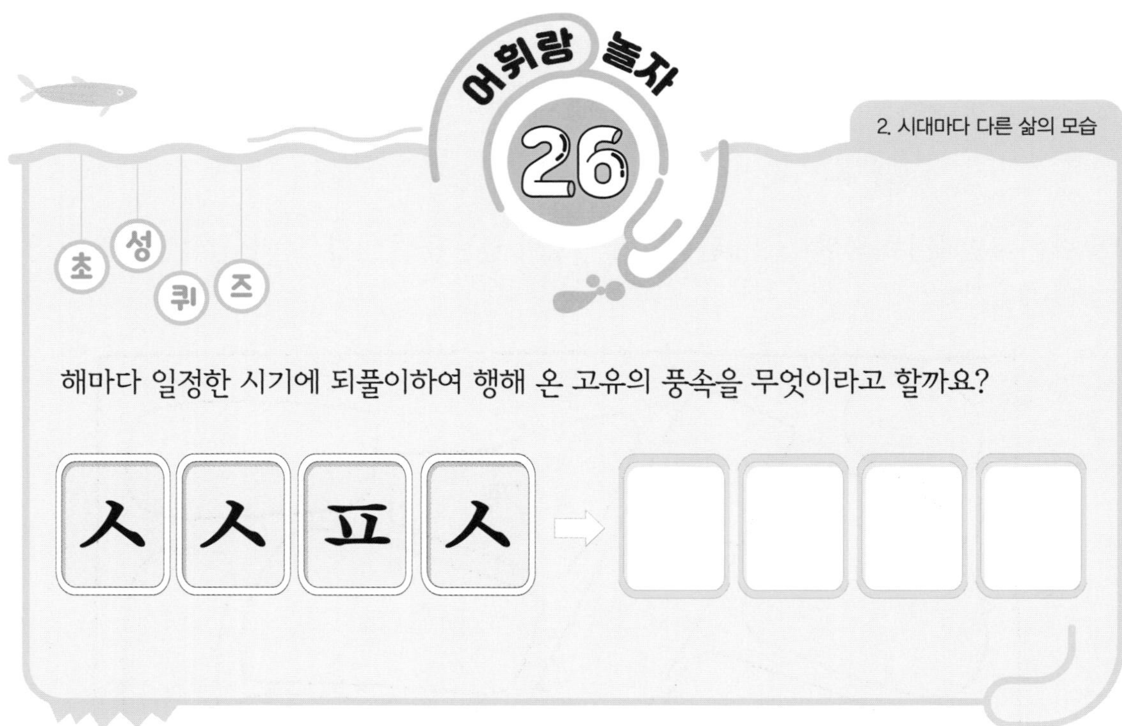
어휘랑 놀자
26
초 성 퀴 즈
해마다 일정한 시기에 되풀이하여 행해 온 고유의 풍속을 무엇이라고 할까요?
ㅅ ㅅ ㅍ ㅅ

공통 글자 찾기

다음 빙고 칸 가운데에 공통으로 들어가는 글자를 찾아 적어 주세요. 그리고 각각의 글자를 합하면 어떤 어휘가 되는지 쓰세요.

세상	전세	세계
만세		시세
중세	세기	유세

시험	전시	시사
응시		사시
시간	시종	시기

풍미	남풍	풍속
풍년		서풍
풍차	미풍	풍수

시속	속도	풍속
변속		속세
속력	속박	속도

정답 114쪽

사다리 타기

냥냥이들과 함께 사다리를 타고 내려가서 도착한 곳의 문제를 풀어 보세요.

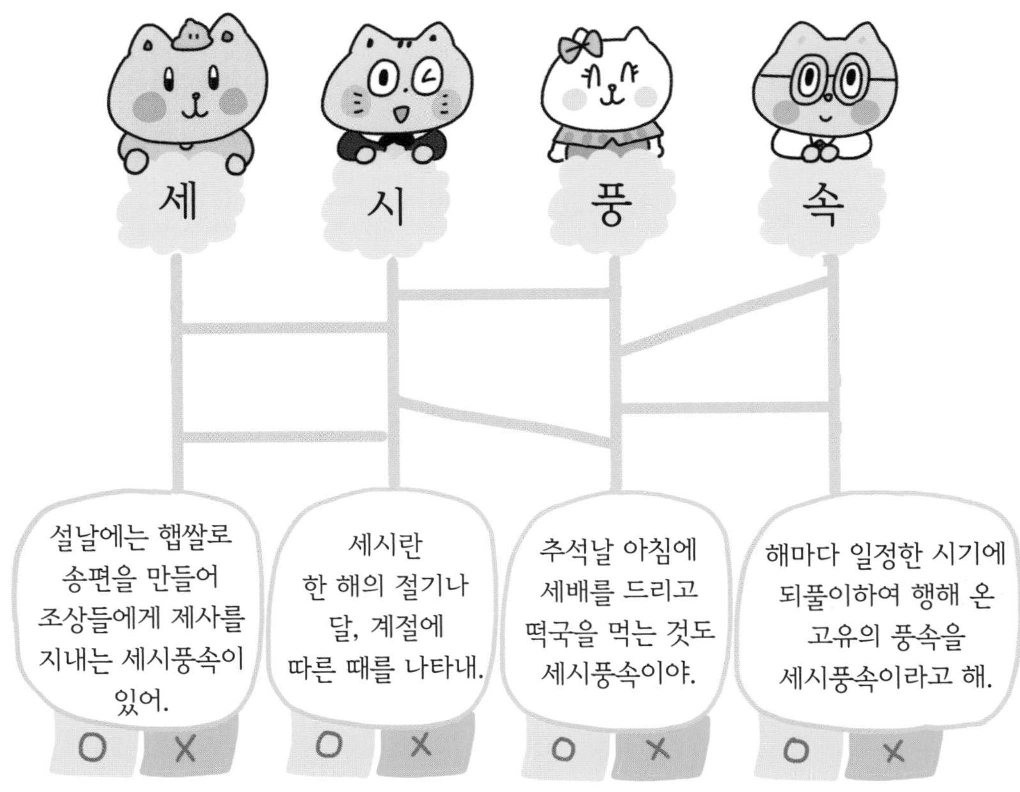
세
시
풍
속
설날에는 햅쌀로 송편을 만들어 조상들에게 제사를 지내는 세시풍속이 있어.
O X
세시란 한 해의 절기나 달, 계절에 따른 때를 나타내.
O X
추석날 아침에 세배를 드리고 떡국을 먹는 것도 세시풍속이야.
O X
해마다 일정한 시기에 되풀이하여 행해 온 고유의 풍속을 세시풍속이라고 해.
O X

냥냥이와 문장대결

'세시 풍속'이라는 어휘를 넣어 괜찬냥과 문장 대결을 펼쳐 볼까요?

오늘날까지 이어지고 있는 세시 풍속도 있어.

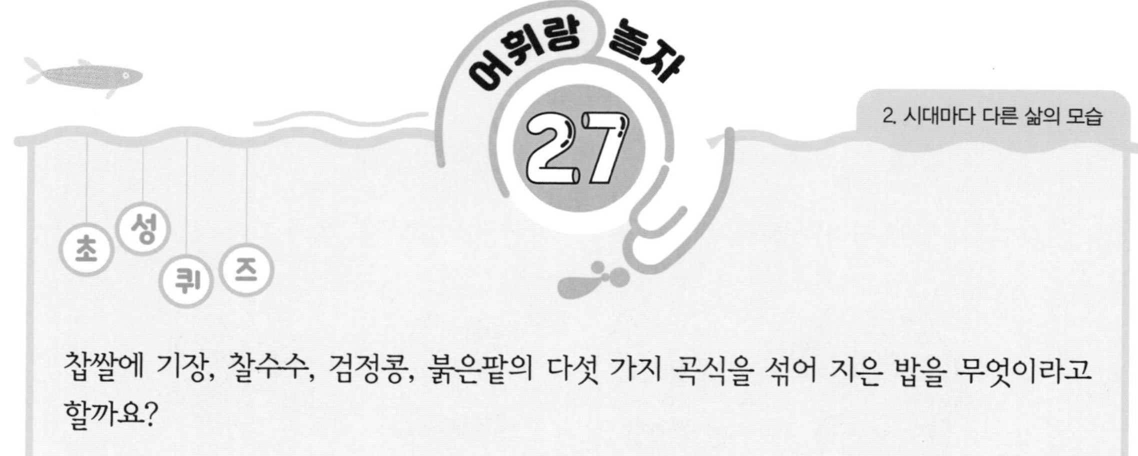
어휘랑 놀자
27
초 성 퀴 즈

찹쌀에 기장, 찰수수, 검정콩, 붉은팥의 다섯 가지 곡식을 섞어 지은 밥을 무엇이라고 할까요?

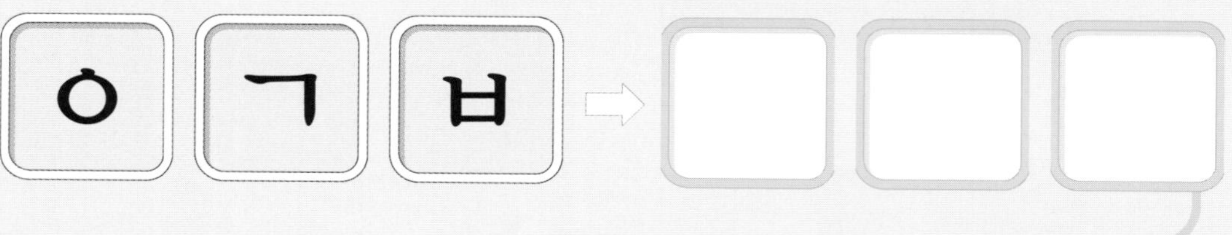
ㅇ
ㄱ
ㅂ

뜻을 더하는 말 – 밥

오곡밥은 다섯 가지 곡식인 '오곡'과 '밥'을 합한 말이에요. 여러분은 어떤 밥을 좋아하나요? 아래처럼 빈칸에 적어 보세요.

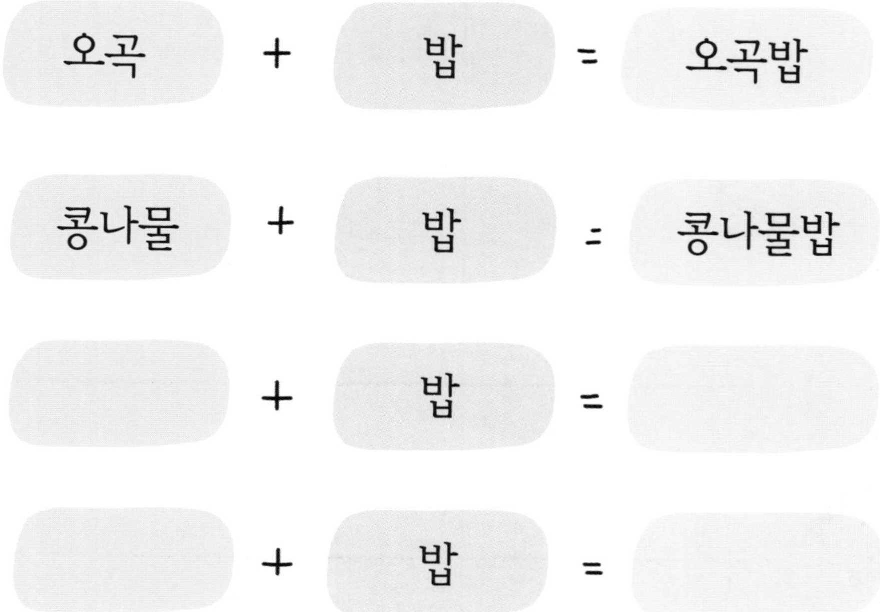
오곡 + 밥 = 오곡밥
콩나물 + 밥 = 콩나물밥
+ 밥 =
+ 밥 =

정답 114쪽

맞다, 틀리다 미션

미션을 끝내면 맛있는 과일을 먹을 수 있어요. 다음의 설명이 맞으면 '맞다'의 미션을, 틀리면 '틀리다'의 미션을 따라 가 보세요. 어떤 과일이 나오나요?

설명	미션	
	맞다	틀리다
찹쌀에 기장, 찰수수, 검정콩, 붉은팥의 다섯 가지 곡식을 섞어 지은 밥을 오곡밥이라고 해.	오른쪽으로 3칸 이동	오른쪽으로 6칸 이동
오곡밥은 주로 추석에 지어 먹었어.	아래로 3칸 이동	아래로 2칸 이동
오곡밥을 지어 먹은 이유는 곡식 농사가 잘 되길 바라고 한 해 동안의 건강을 기원하는 거야.	↗으로 1칸 이동	↖으로 1칸 이동

출발 ➜

	자몽		배	키위		귤
	포도		사과	감		

내가 먹을 수 있는 과일은? (　　　　)

냥냥이와 문장대결

'오곡밥'이라는 어휘를 넣어 알갓냥과 문장 대결을 펼쳐 볼까요?

다섯 가지 곡식으로 지은 오곡밥은 영양이 풍부하고 맛도 좋아.

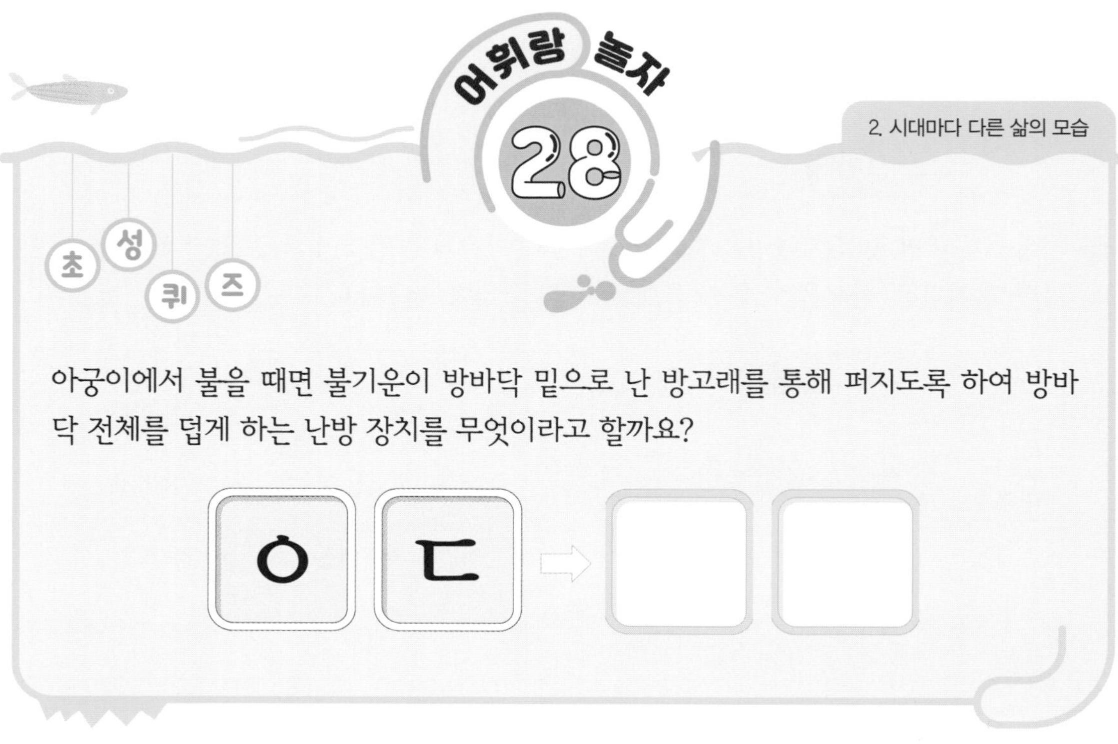
어휘랑 놀자
28
초 성 퀴 즈

아궁이에서 불을 때면 불기운이 방바닥 밑으로 난 방고래를 통해 퍼지도록 하여 방바닥 전체를 덥게 하는 난방 장치를 무엇이라고 할까요?

ㅇ ㄷ → ☐ ☐

온돌의 원리는?

다음은 온돌의 원리를 알려주는 그림이에요. 온돌의 구조 중에서 화살표로 가리키는 곳의 이름을 조사해서 적어 보세요.

아궁이에 불을 땐다.
열기가 지나가면서 방바닥을 데워 준다.
연기가 굴뚝으로 나간다.

❶ 구 ☐ ☐　　❷ 방 ☐ ☐

정답 114쪽

더 많은 어휘 떠올리기

오늘 배운 '온돌' 어휘를 이용해 새로운 어휘 만들기 놀이를 해 보기로 해요. '온'과 '돌'로 시작하는 어휘에는 어떤 것들이 있는지 생각해 보고 아래 빈칸에 3개씩 적어 보세요.

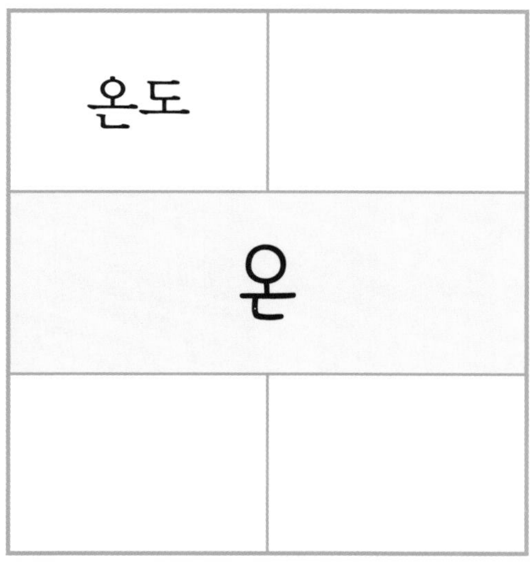
온도
온

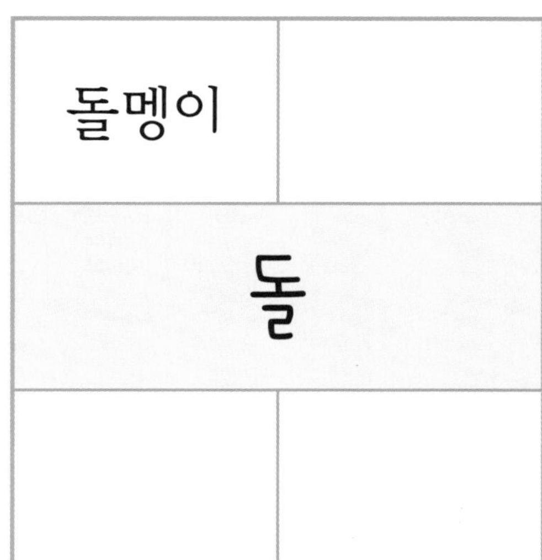
돌멩이
돌

냥냥이와 문장대결

'온돌'이라는 어휘를 넣어 괜찬냥과 문장 대결을 펼쳐 볼까요?

온돌은 우리나라의 훌륭한 난방 장치야.

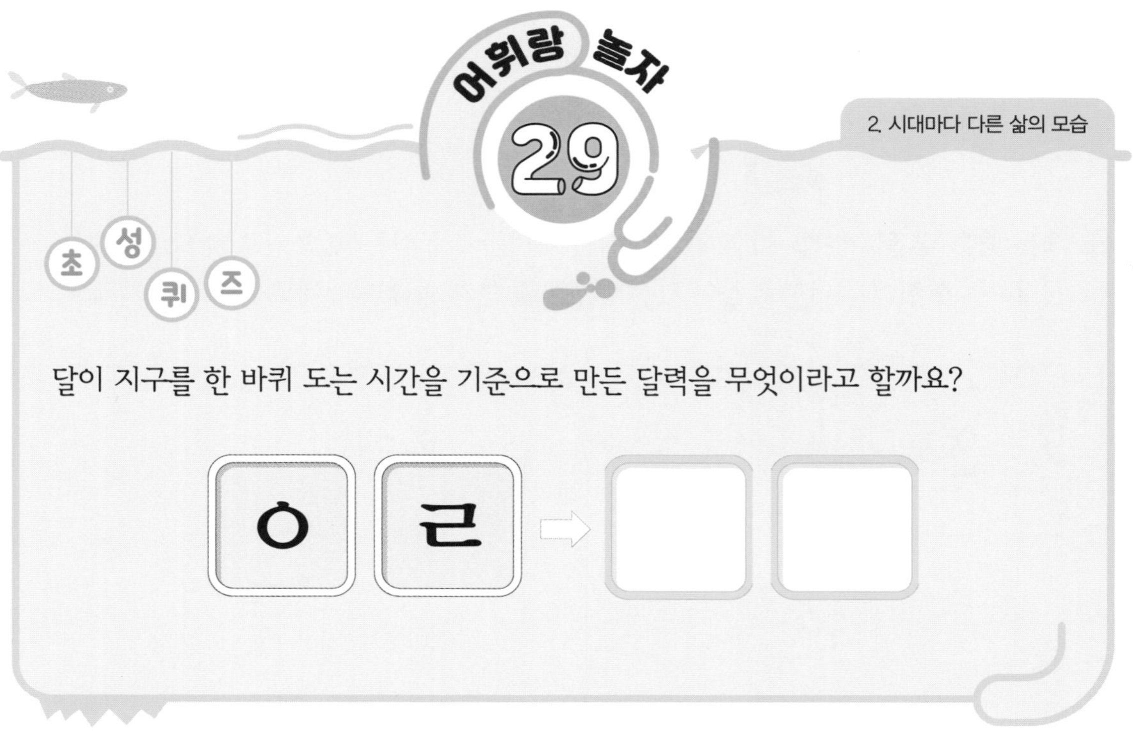
어휘랑 놀자
29
초성 퀴즈
달이 지구를 한 바퀴 도는 시간을 기준으로 만든 달력을 무엇이라고 할까요?
ㅇ
ㄹ

선으로 연결해요

달은 일정 주기로 모양이 변해요. 왼쪽 설명과 관련된 말을 오른쪽에서 찾아 선으로 연결하세요.

음력
1월
15일
지구가 태양을
한 바퀴 도는
시간을 일 년으로
하는 달력
달이 지구를
한 바퀴 도는
시간을 기준으로
만든 달력
음력
양력
정월
대보름

정답 115쪽

개념 이해하기

다음 설명이 맞으면 '맞다'에, 틀리면 '틀리다'에 ∨표 하세요.

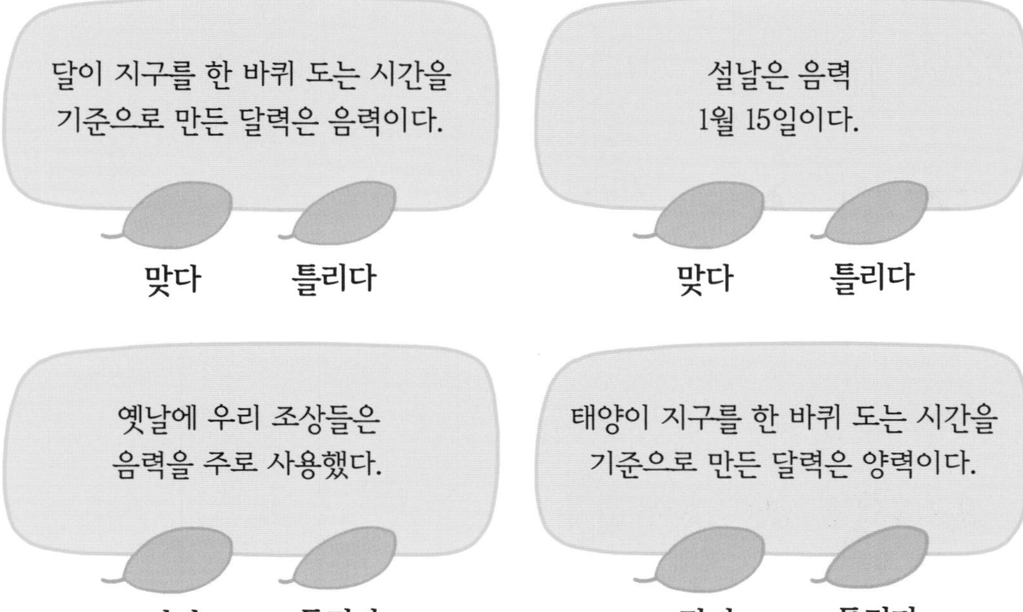
달이 지구를 한 바퀴 도는 시간을 기준으로 만든 달력은 음력이다.
맞다 틀리다
설날은 음력 1월 15일이다.
맞다 틀리다
옛날에 우리 조상들은 음력을 주로 사용했다.
맞다 틀리다
태양이 지구를 한 바퀴 도는 시간을 기준으로 만든 달력은 양력이다.
맞다 틀리다

냥냥이와 문장대결

'음력'이라는 어휘를 넣어 머라냥과 문장 대결을 펼쳐 볼까요?

오늘날에는 양력을 사용하지만 옛날 우리 조상들은 음력을 사용했대.

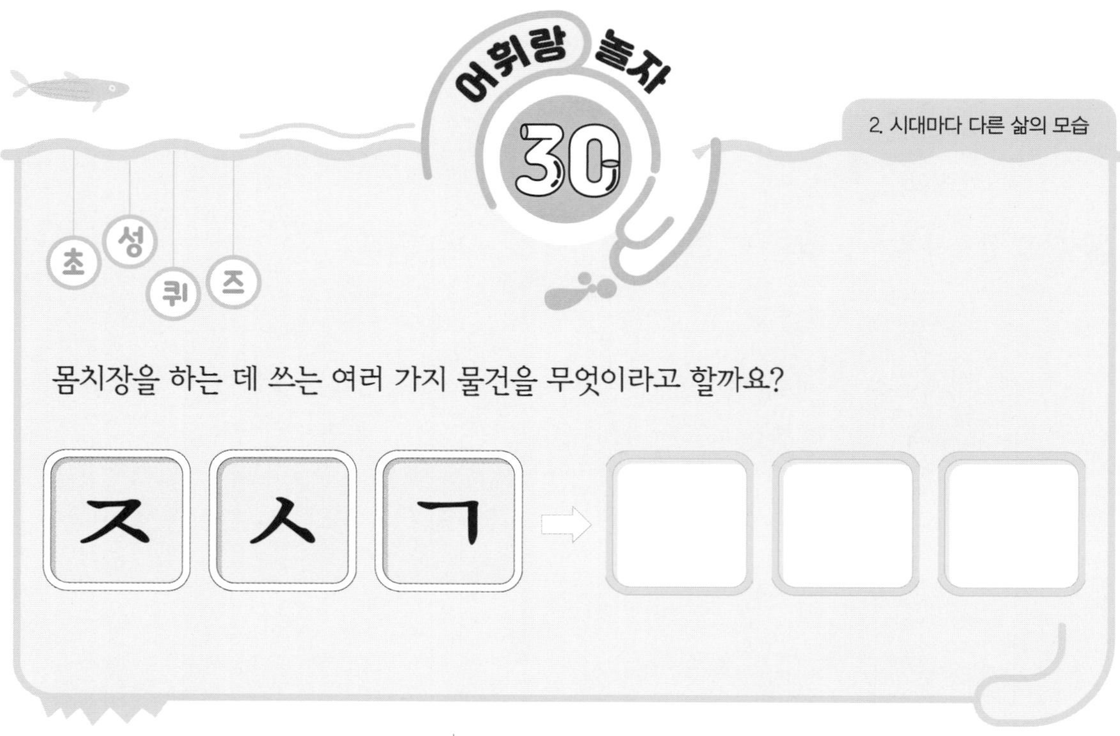
어휘랑 놀자
30
초성 퀴즈
몸치장을 하는 데 쓰는 여러 가지 물건을 무엇이라고 할까요?
ㅈ ㅅ ㄱ

가장 마음에 든 생일 선물은?

오늘은 예뽀냥의 생일이에요. 예뽀냥은 생일 선물 중 '몸치장을 하는 데 쓰는 여러 가지 물건'이 가장 마음에 들었대요. 어떤 선물인지 모두 골라 ○표 하세요.

케이크
장난감
머리핀
목걸이
운동화
동화책

정답 115쪽

문제지가 없어졌어요

오늘 친구들과 모여서 퀴즈 놀이를 하기로 했어요. 그런데 어떡하죠? 그만 문제지를 잃어버렸지 뭐예요! 다행히 답안지는 남아 있으니 지금부터 문제를 새로 만들어야겠어요. 아래 예를 보고 답이 나올만한 문제를 3개씩 만들어 보세요.

예 답: 목걸이

문제: ❶ 목을 장식하는 줄은?

❷ 줄에 장식품 등을 달아 목에 거는 장신구는?

❸ 구슬을 실로 꿰어 동그랗게 만든 다음 목에 거는 것은?

1. 답: 반지

문제: ❶

❷

❸

2. 답: 귀걸이

문제: ❶

❷

❸

냥냥이와 문장대결

'장신구'라는 어휘를 넣어 예뻐냥과 문장 대결을 펼쳐 볼까요?

나는 내 몸을 장식하는 예쁜 장신구를 좋아해.

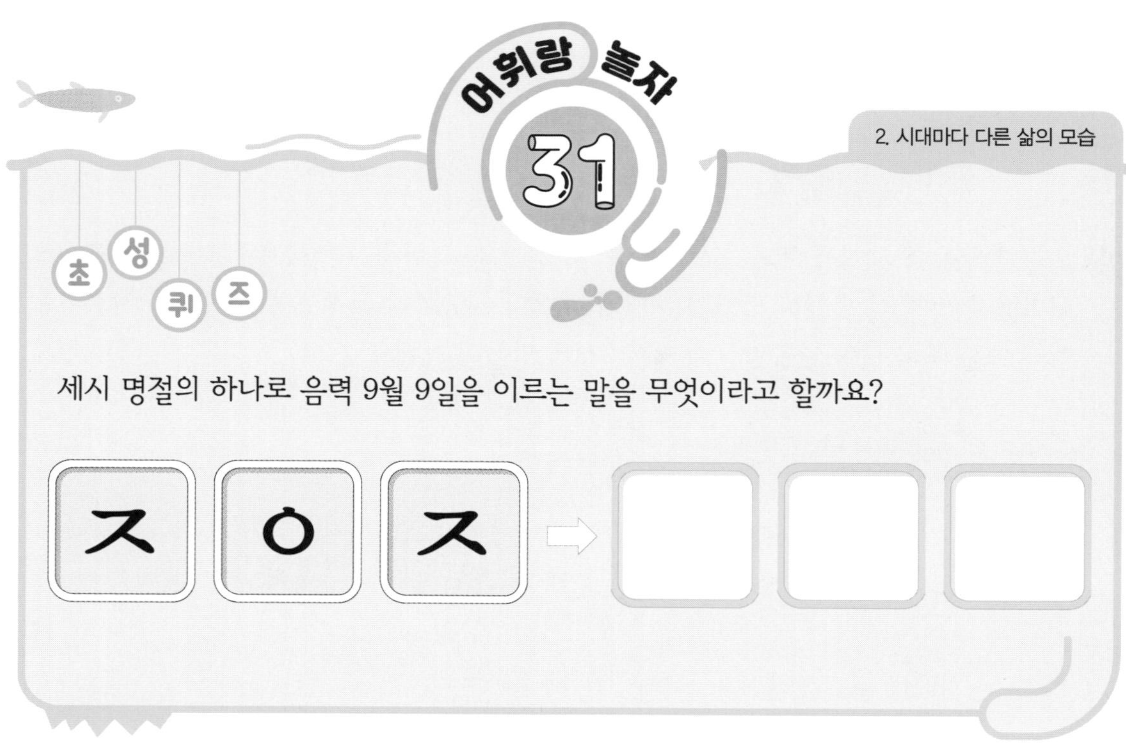
어휘랑 놀자
31
초성 퀴즈
ㅈ ㅇ ㅈ

세시 명절의 하나로 음력 9월 9일을 이르는 말을 무엇이라고 할까요?

동시의 제목은?

괜찬냥이 동시의 제목을 빠뜨렸어요. '세시 명절의 하나로 음력 9월 9일을 이르는 말'을 (　　) 안에 넣어야 한대요. (　　) 안에 공통으로 들어갈 어휘를 쓰세요.

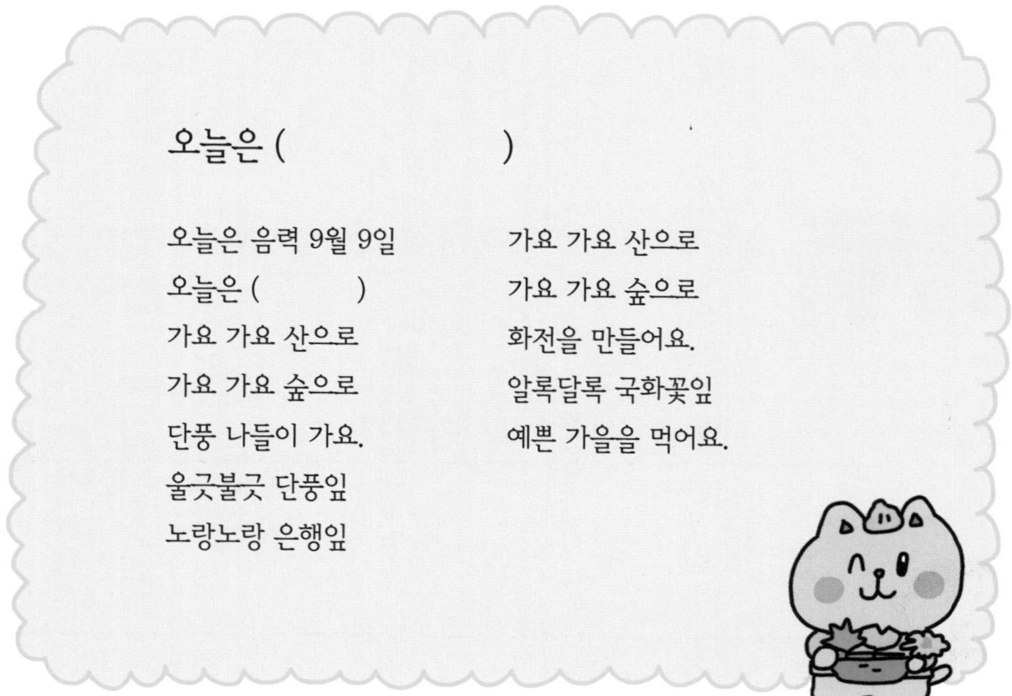

오늘은 (　　　　　　)

오늘은 음력 9월 9일
오늘은 (　　　)
가요 가요 산으로
가요 가요 숲으로
단풍 나들이 가요.
울긋불긋 단풍잎
노랑노랑 은행잎

가요 가요 산으로
가요 가요 숲으로
화전을 만들어요.
알록달록 국화꽃잎
예쁜 가을을 먹어요.

정답 115쪽

은행잎 퀴즈 풀기

노랗게 물든 은행잎 위에 적힌 문제를 풀어 보세요. 설명이 맞으면 ○에, 틀리면 ×에 동그라미 하세요.

❶ 세시 명절의 하나로 음력 9월 9일을 중양절이라고 해요. (○, ×)

❷ 중양절에는 떡국을 먹고 세배를 드려요. (○, ×)

❸ 중양절에는 달을 보며 소원을 빌고 쥐불놀이와 달집태우기를 했어요. (○, ×)

❹ 중양절에는 국화꽃으로 화전을 만들어 먹었다고 해요. (○, ×)

냥냥이와 문장대결

'중양절'이라는 어휘를 넣어 모르냥과 문장 대결을 펼쳐 볼까요?

옛날엔 '중양절'이라는 세시 명절을 즐겼다고 해.

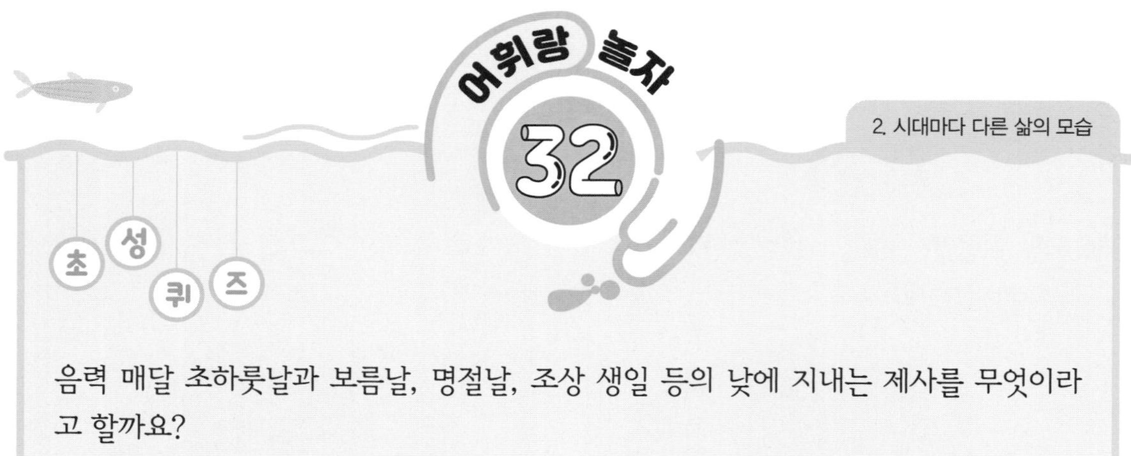
어휘랑 놀자
32
2. 시대마다 다른 삶의 모습
초 성 퀴 즈

음력 매달 초하룻날과 보름날, 명절날, 조상 생일 등의 낮에 지내는 제사를 무엇이라고 할까요?

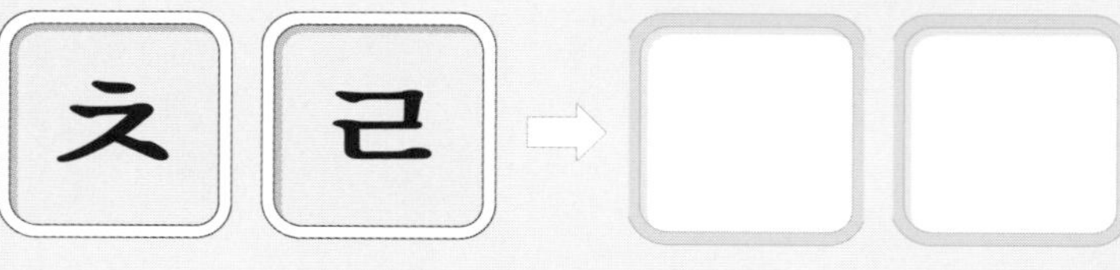
ㅊ
ㄹ

바른 길 찾기

머라냥이 '차례'의 뜻을 한 글자씩 밟아가면 알갓냥 집에 도착할 수 있다고 해서 열심히 가고 있어요. 그런데 마지막 2곳의 글자가 생각나지 않아서 도착을 못하고 있어요. 2곳의 글자를 찾아서 색칠해 주세요.

출발 ➡

명	두	떡	보	멀	리	길
을	절	날	이	더	두	초
대	잘	세	나	지	어	식
찾	요	조	도	냥	멀	의
장	이	상	이	지	는	어
일	생	인	집	유	내	제
일	등	의	낮	에	지	사

도착

정답 115쪽

뜰 수 있는 열기구는?

다음 열기구들 중 바른 내용이 적혀 있는 것만 뜰 수 있대요. 뜰 수 있는 열기구를 찾아 좋아하는 색으로 칠하세요.

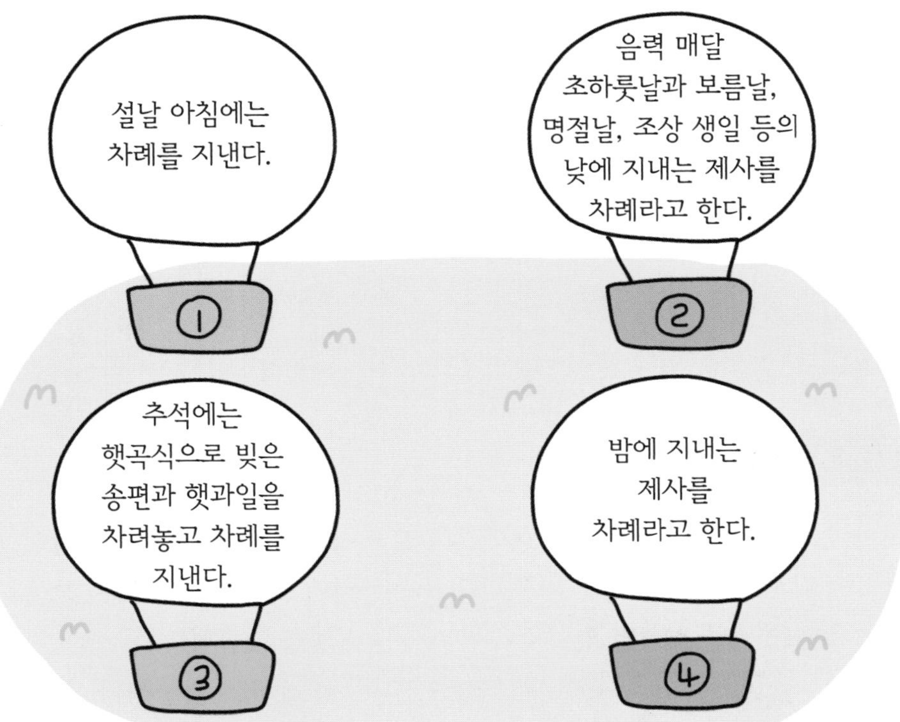
설날 아침에는 차례를 지낸다.
①
음력 매달 초하룻날과 보름날, 명절날, 조상 생일 등의 낮에 지내는 제사를 차례라고 한다.
②
추석에는 햇곡식으로 빚은 송편과 햇과일을 차려놓고 차례를 지낸다.
③
밤에 지내는 제사를 차례라고 한다.
④

냥냥이와 문장대결

'차례'라는 어휘를 넣어 어쩌냥과 문장 대결을 펼쳐 볼까요?

우리 가족은 설날 아침에 차례를 지내.

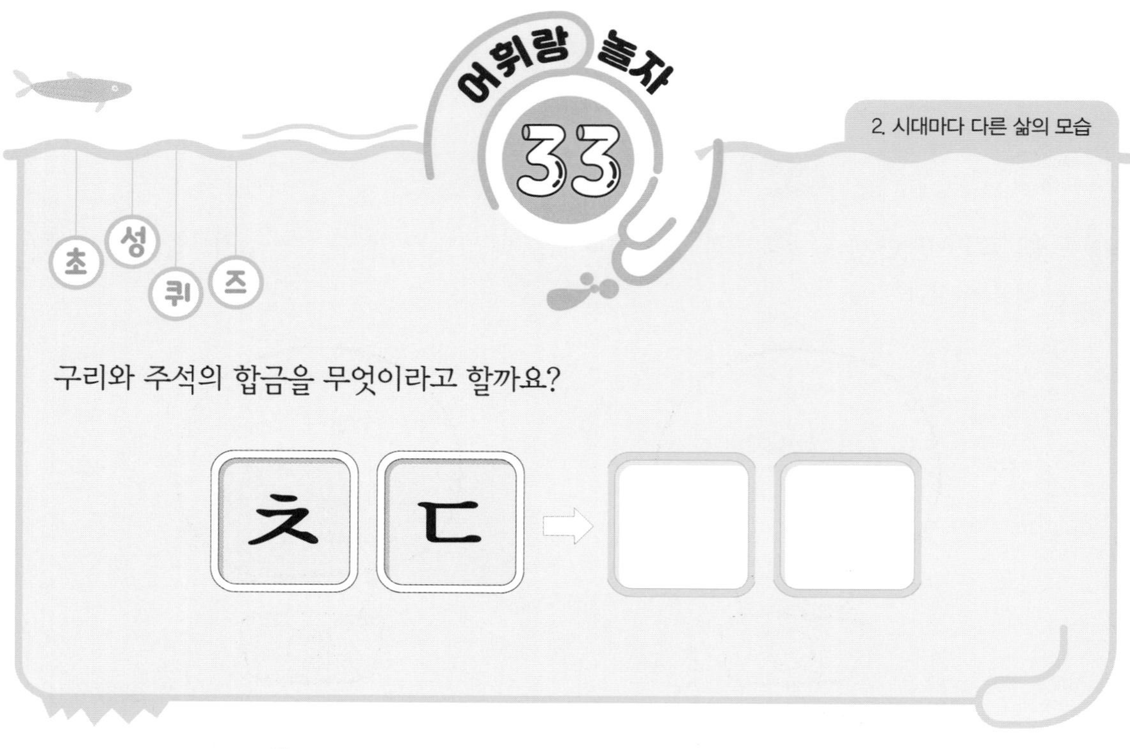
어휘랑 놀자
33
초성퀴즈
ㅊ ㄷ

구리와 주석의 합금을 무엇이라고 할까요?

보물을 모으자!

알갓냥이 보물을 모으고 있어요. 여러분이 모은 보물은 무엇인지 써 보세요. (먼저 주사위를 준비하고, 주사위를 던져 나온 수만큼 이동하여 이동한 곳에 있는 보물을 획득합니다. 단, 같은 곳에 도착하면 먼저 도착한 사람만 보물을 갖습니다.)

	출발 ➡			(금괴)	
			(책)		
		(반지)			
	(다이아몬드)				(목걸이)
				(스마트폰)	도착

내가 획득한 보물: (　　　　　)

정답 115쪽

선으로 연결해요

박물관에서 본 청동 보물의 이름과 사진, 설명을 바르게 연결하세요.

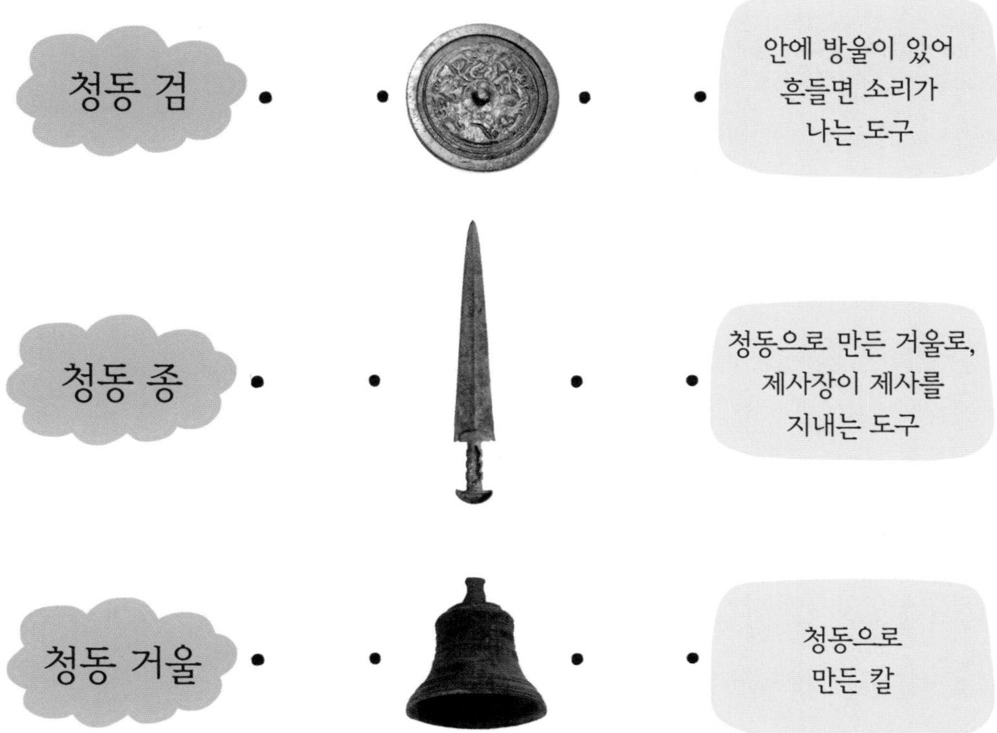
청동 검
안에 방울이 있어 흔들면 소리가 나는 도구
청동 종
청동으로 만든 거울로, 제사장이 제사를 지내는 도구
청동 거울
청동으로 만든 칼

냥냥이와 문장대결

'청동'이라는 어휘를 넣어 괜찬냥과 문장 대결을 펼쳐 볼까요?

예전에는 청동이 귀했기 때문에 무기나 제사 도구, 장신구를 만들 때 주로 사용했다고 해.

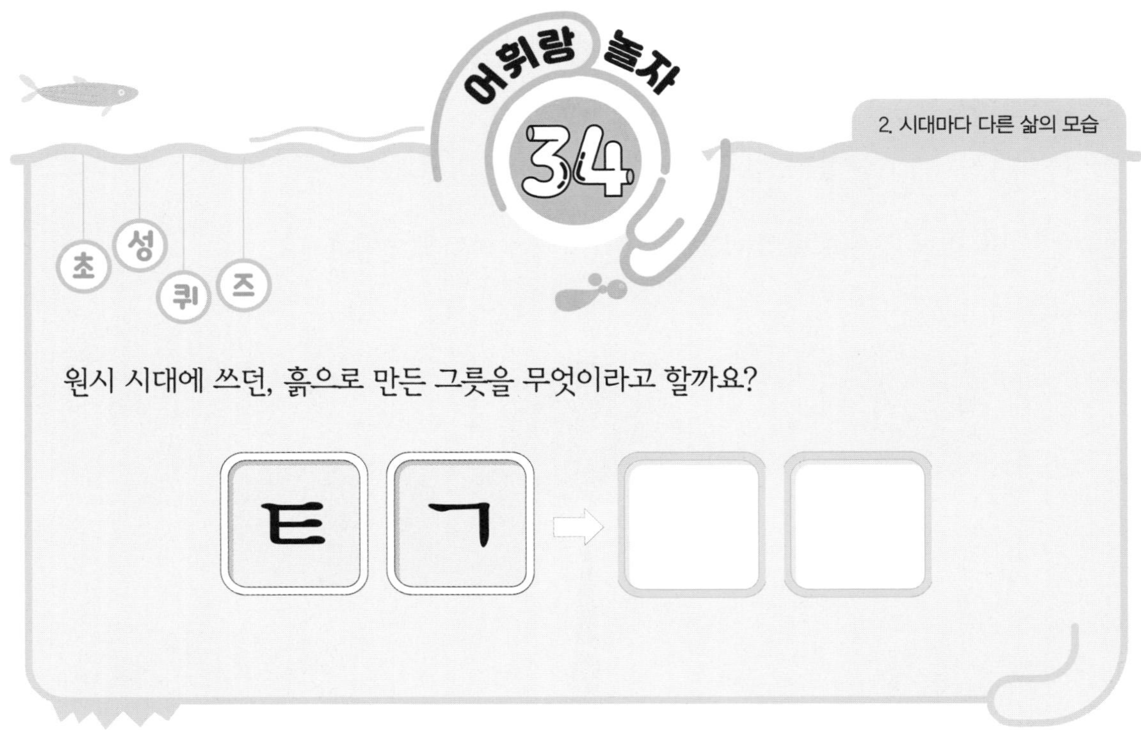
어휘랑 놀자
34
초 성 퀴 즈

원시 시대에 쓰던, 흙으로 만든 그릇을 무엇이라고 할까요?

ㅌ ㄱ → ☐ ☐

벌집 모양 끝말잇기

한 줄 끝말잇기만 하면 심심하잖아요. 앞말도 이어보고, 끝말도 두 개, 세 개씩 이어 보세요.

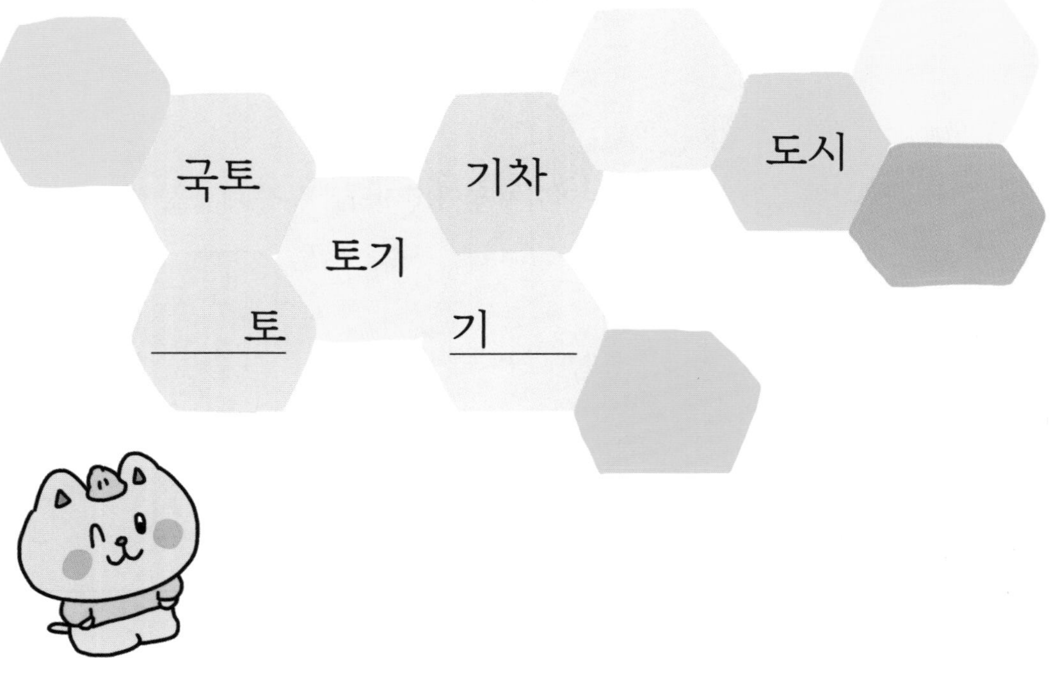
국토
토기
기차
도시
토
기

정답 116쪽

완성된 그림은 무엇일까?

다음은 앞에서 배운 세시 명절에 대한 설명이에요. 관련 있는 세시 명절 칸을 색칠하면 어떤 도구의 모양이 보일 거예요. 어떤 도구인지 이름을 적어 보세요.

❶ 여자들은 '창포'라는 풀을 삶은 물로 머리를 감았어요.
❷ 음력 9월 9일이에요.
❸ 더위가 시작되는 시기예요.
❹ 단풍과 국화를 구경하러 나들이를 갔어요.

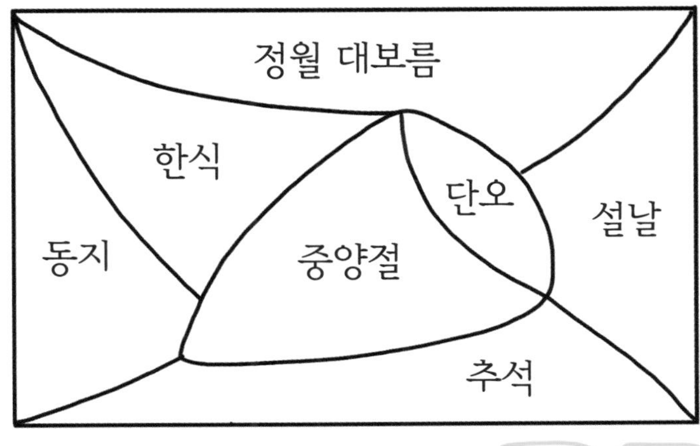
정월 대보름
한식
단오
설날
동지
중양절
추석

정답 :

냥냥이와 문장대결

'토기'라는 어휘를 넣어 알갓냥과 문장 대결을 펼쳐 볼까요?

옛날 사람들은 흙으로 토기를 빚어 음식을 보관하거나 만드는 데 사용했어.

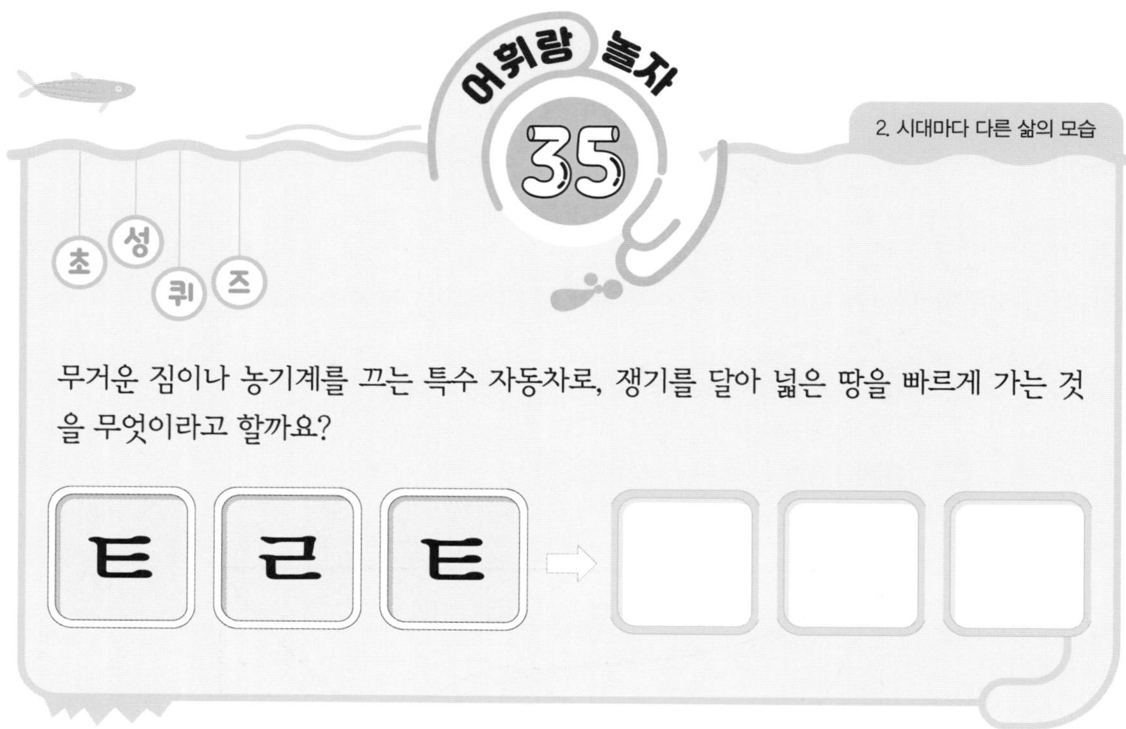
어휘랑 놀자
35
초 성 퀴 즈

무거운 짐이나 농기계를 끄는 특수 자동차로, 쟁기를 달아 넓은 땅을 빠르게 가는 것을 무엇이라고 할까요?

ㅌ ㄹ ㅌ → ☐ ☐ ☐

퍼즐을 맞춰라!

다음 퍼즐 조각을 맞추면 어떤 기계가 나타날까요? 퍼즐판에 맞는 번호를 적고, 기계의 이름을 쓰세요.

❶
❷
❸
❹

기계의 이름은? ☐ ☐ ☐

위로 위로 올라가요

예뻐냥이 계단에서 ○× 퀴즈 놀이를 하고 있어요. 문제를 읽고 ○인지 ×인지 판단해서 동그라미 하세요. 문제를 맞히면 위쪽 계단으로 올라갈 수 있어요. 여러분도 예뻐냥과 함께 문제를 풀면서 위로 위로 올라가 보세요.

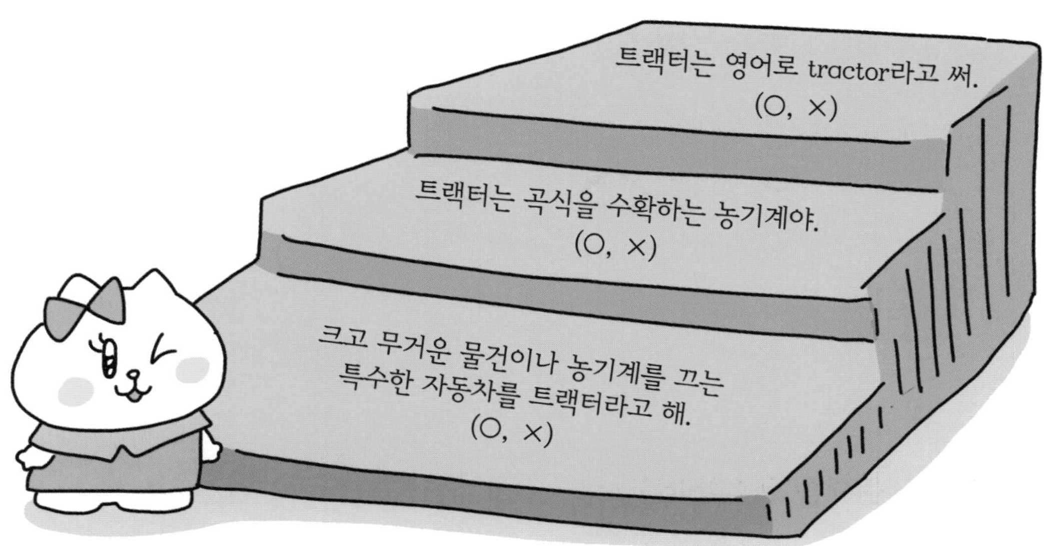
트랙터는 영어로 tractor라고 써.
(○, ×)
트랙터는 곡식을 수확하는 농기계야.
(○, ×)
크고 무거운 물건이나 농기계를 끄는
특수한 자동차를 트랙터라고 해.
(○, ×)

냥냥이와 문장대결

'트랙터'라는 어휘를 넣어 머라냥과 문장 대결을 펼쳐 볼까요?

오늘날에는 트랙터, 콤바인 등을 이용하여 농사를 쉽고 편리하게 짓는대.

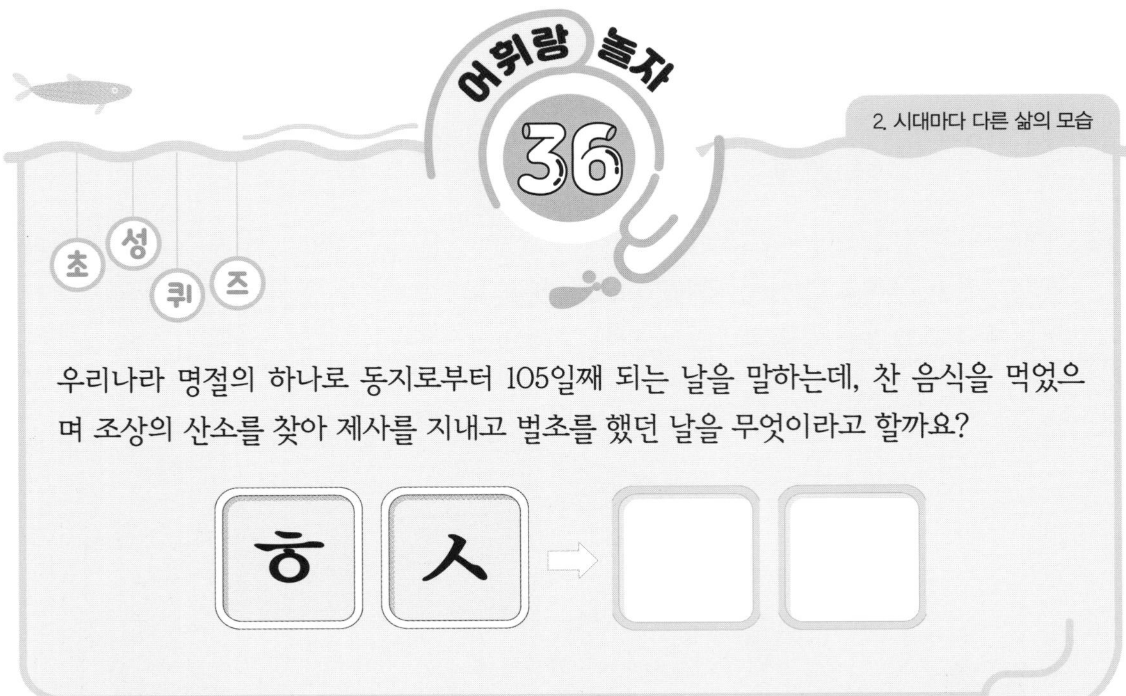

어휘랑 놀자
36
초성퀴즈
ㅎ ㅅ

우리나라 명절의 하나로 동지로부터 105일째 되는 날을 말하는데, 찬 음식을 먹었으며 조상의 산소를 찾아 제사를 지내고 벌초를 했던 날을 무엇이라고 할까요?

가로세로 문제를 해결하라!

냥냥이들이 낸 문제를 풀어 십자말풀이의 빈칸을 채워 보세요.

가로 열쇠	세로 열쇠
❶ 찬 음식을 먹었으며 조상의 산소를 찾아 제사를 지내고 벌초를 했던 날 ❷ 사람이 살 수 있도록 지은 집 ❸ 찹쌀에 기장, 찰수수, 검정콩, 붉은팥의 다섯 가지 곡식을 섞어 지은 밥	❶ 사람이 생활하는 데 기본이 되는 옷과 음식과 집을 통틀어 이르는 말 ❷ 우리나라 명절의 하나로 음력 5월 5일을 말함.

	❶		❷		
❶	식		❸ 오		
	❷				

정답 116쪽

아이 엠 그라운드 명절 이름 대기!

냥냥이들이 아이 엠 그라운드 게임으로 명절 이름 대기를 하고 있어요. 여러분도 함께 하면서 예뽀냥과 어쩌냥을 도와주세요.

아이 엠 그라운드 명절 이름 대기
한식!
단오
추석

냥냥이와 문장대결 '한식'이라는 어휘를 넣어 모르냥과 문장 대결을 펼쳐 볼까요?

옛날 사람들은 한식에 정성을 다해 성묘를 하면서 한 해 농사가 잘되길 기원했었다고 해.

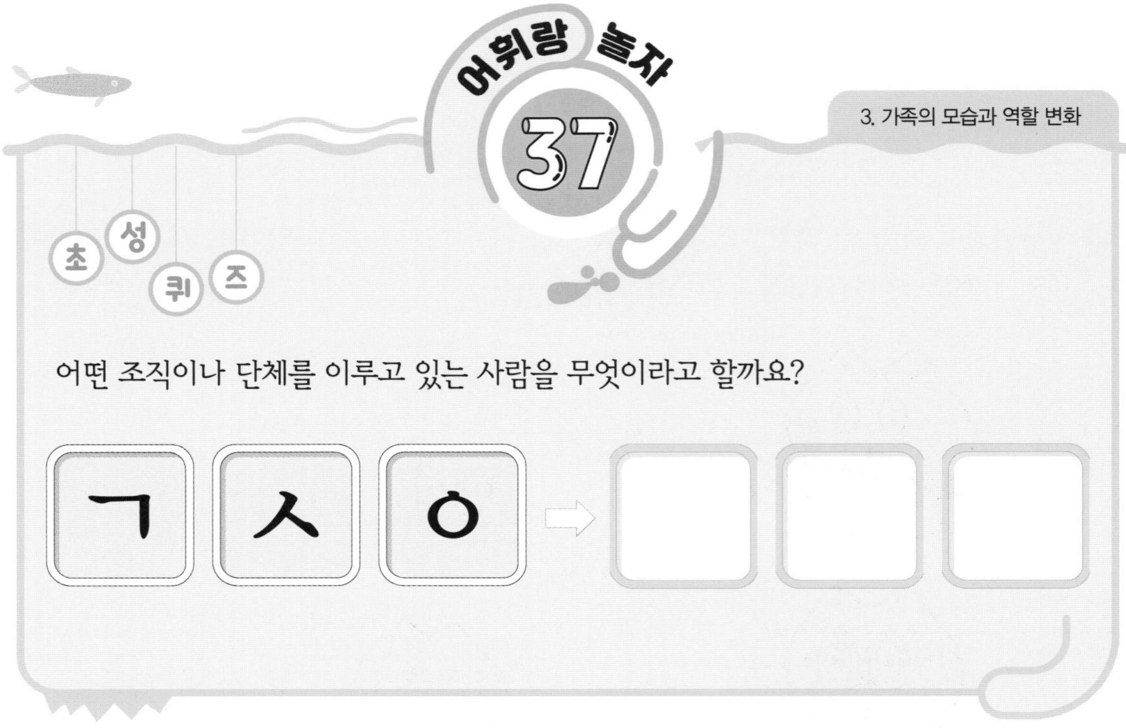
어휘랑 놀자
37
초성 퀴즈
어떤 조직이나 단체를 이루고 있는 사람을 무엇이라고 할까요?
ㄱ ㅅ ㅇ

손가락 가족

다음은 손가락 가족이에요. '어떤 조직이나 단체를 이루고 있는 사람'을 뜻하는 어휘를 □ 안에 적어 보세요.

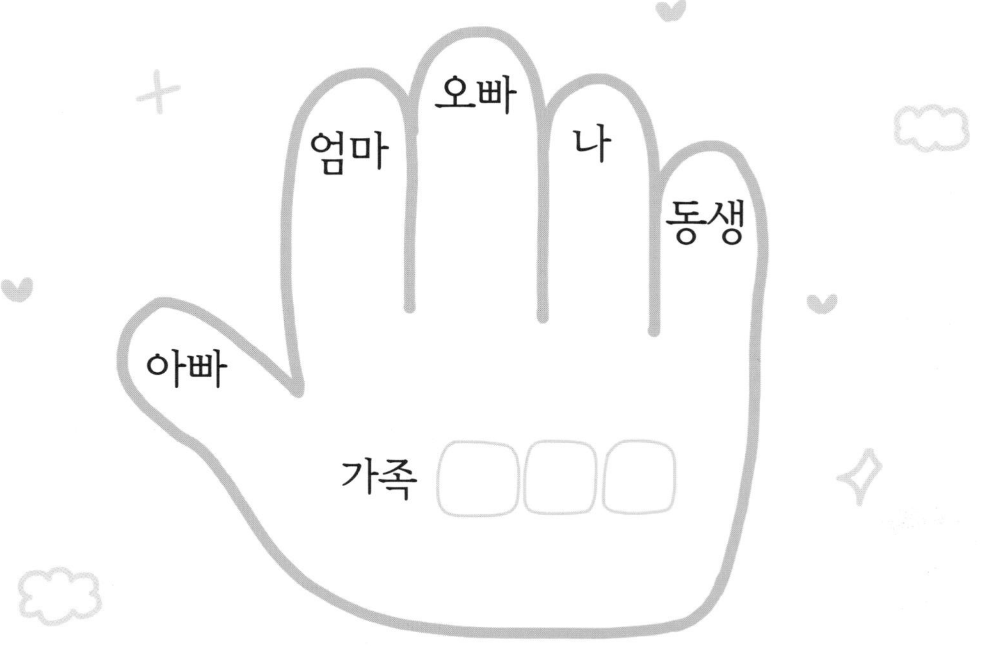
오빠
엄마
나
동생
아빠
가족

정답 117쪽

원반 끝말잇기

체육 시간에 원반을 밟고 건너는 놀이를 하고 있어요. 원반을 밟으며 끝말잇기 놀이를 해 볼까요?

출발
구성원
원반
도착

냥냥이와 문장대결

'구성원'이라는 어휘를 넣어 예뽀냥과 문장 대결을 펼쳐 볼까요?

우리 가족 구성원은 아빠, 엄마, 나, 동생 이렇게 네 명이야.

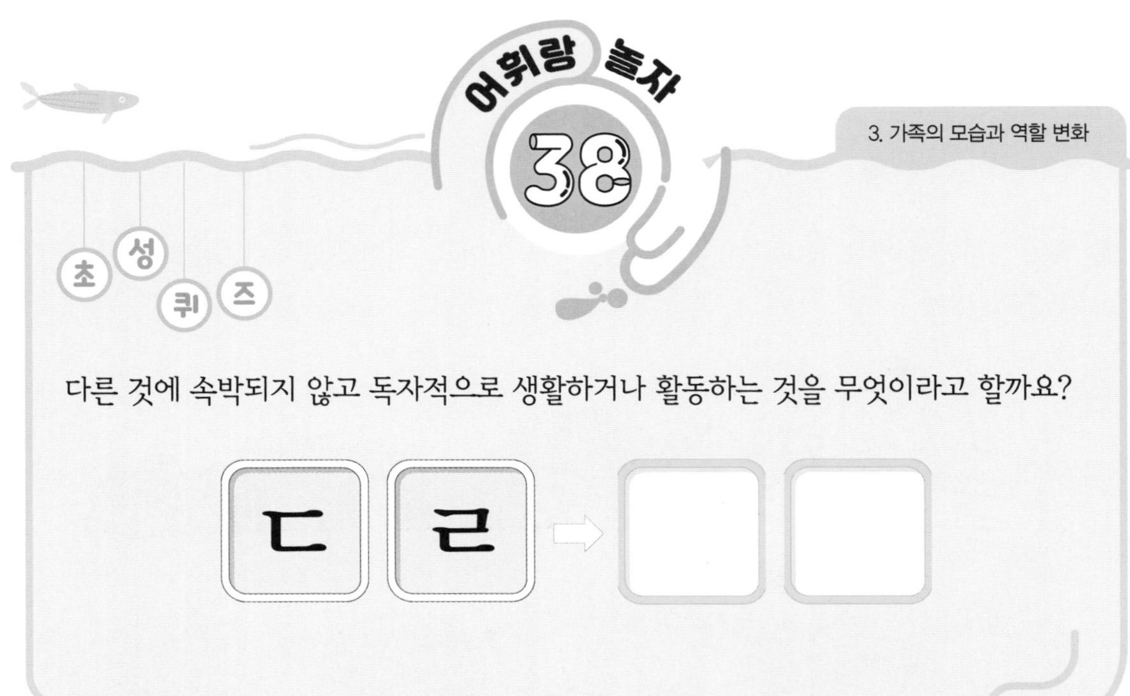
어휘랑 놀자
38
초 성 퀴 즈
ㄷ ㄹ

다른 것에 속박되지 않고 독자적으로 생활하거나 활동하는 것을 무엇이라고 할까요?

공통 어휘를 찾아라!

( ) 안에 공통으로 들어가는 어휘를 찾아서 괜찬냥의 말주머니에 적어 주세요.

( )은
남이나 다른 것에
속박되지 않고
독자적으로 생활하거나
활동하는 것을 뜻해.

우리 사촌 언니는
대학교를 다니느라
( )을 했어.

3월 1일 삼일절은
1919년 3월 1일에
일어났던 ( ) 운동을
기념하는 날이야.

( )과 독자는
비슷한 뜻을 가진 어휘야.

아하! 내가 찾는 어휘는
( )이야.

정답 117쪽

냥냥이가 타야 할 버스는?

오늘은 즐거운 체험 학습 날이에요. 냥냥이 친구들은 모두 신이 났지요. 그런데 몇 번 버스를 타야 하는 걸까요? 다음 문제를 풀어 냥냥이가 타야 할 버스 번호를 알아낸 다음, 버스에 적어 주세요.

<table>
<tr><th>문제</th><th>맞으면 1, 틀리면 2</th><td rowspan="4">숫자를 순서대로 이어 쓰면 버스 번호가 됩니다.</td></tr>
<tr><td>독립이란 남이나 다른 것에 속박되지 않고 독자적으로 생활하거나 활동하는 것을 뜻하는 말이에요.</td><td></td></tr>
<tr><td>독립과 독자는 뜻이 전혀 다른 말이에요.</td><td></td></tr>
<tr><td>요즈음은 자녀들의 교육을 위해 이사하거나 직장, 개인 생활 등을 이유로 독립하는 경우가 늘고 있어요.</td><td></td></tr>
</table>

냥냥이와 문장대결

'독립'이라는 어휘를 넣어 어쩌냥과 문장 대결을 펼쳐 볼까요?

우리 삼촌은 직장 때문에 독립해서 서울에서 살고 계셔.

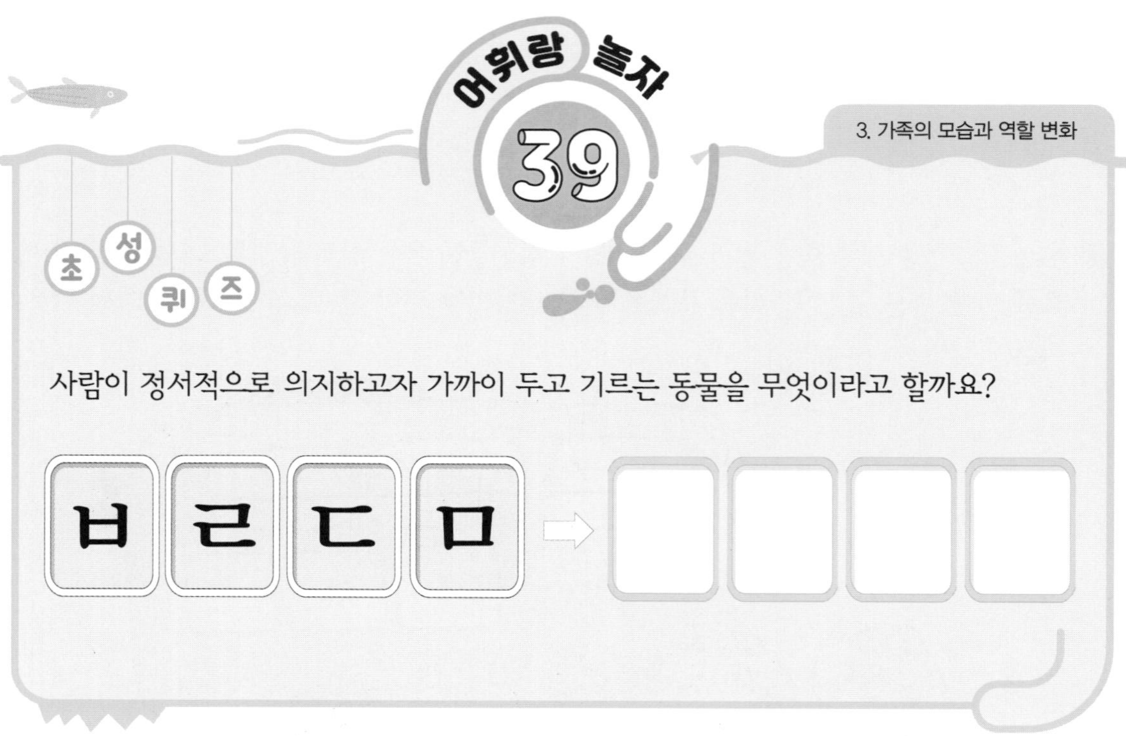

어휘랑 놀자
39
초성퀴즈
ㅂ ㄹ ㄷ ㅁ

사람이 정서적으로 의지하고자 가까이 두고 기르는 동물을 무엇이라고 할까요?

내가 찾는 어휘는?

반려동물에 대한 다음 설명이 맞으면 '예'에, 틀리면 '아니요'에 있는 글자에 ○표를 해서 순서대로 예뽀냥의 말주머니에 적어 주세요.

	예	아니요
요즘은 반려동물을 키우는 사람들이 줄어들고 있어.	반	사
가족으로 여긴다는 의미에서 반려동물이라고 해.	랑	려
반려동물을 애완동물이라고도 해.	동	해
반려동물을 위한 병원, 미용실 등이 많이 생겨나고 있어.	요	물

내가 찾는 어휘는
(   )이야!

정답 117쪽

동물 ○× 퀴즈의 끝은?

○× 퀴즈대회가 열렸어요. 문제를 읽으며 내가 생각하는 답을 따라 올라가 보세요. 그리고 마지막에 나온 동물에 ○표 하세요.

퀴즈 1	사람이 정서적으로 의지하고자 가까이 두고 기르는 동물을 '반려동물'이라고 해.
퀴즈 2	'반려'란 생각이나 행동을 함께 하는 짝이나 동무를 말해.
퀴즈 3	요즈음은 반려동물을 가족으로 여기지 않아.
퀴즈 4	반려동물로 강아지, 고양이, 햄스터 등을 키워.
퀴즈 5	반려동물을 키울 때는 끝까지 보살피겠다는 책임감 같은 것은 필요하지 않아.

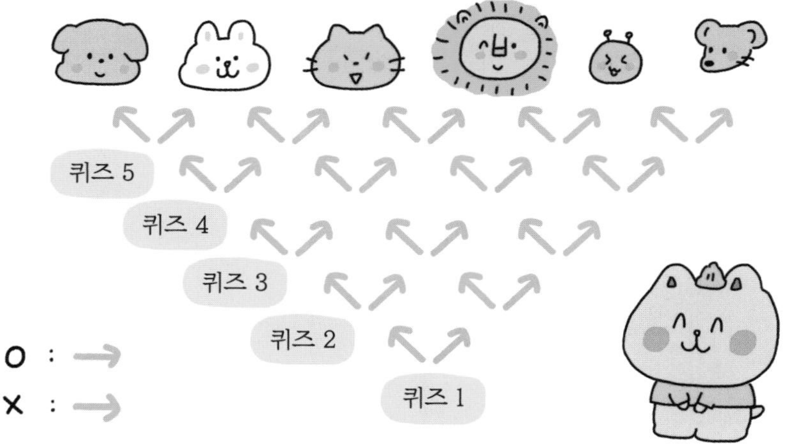
퀴즈 5
퀴즈 4
퀴즈 3
퀴즈 2
퀴즈 1
O : →
X : →

냥냥이와 문장대결

'반려동물'이라는 어휘를 넣어 괜찬냥과 문장 대결을 펼쳐 볼까요?

반려동물을 가족처럼 여기며 따뜻한 마음으로 보살피는 태도가 중요해.

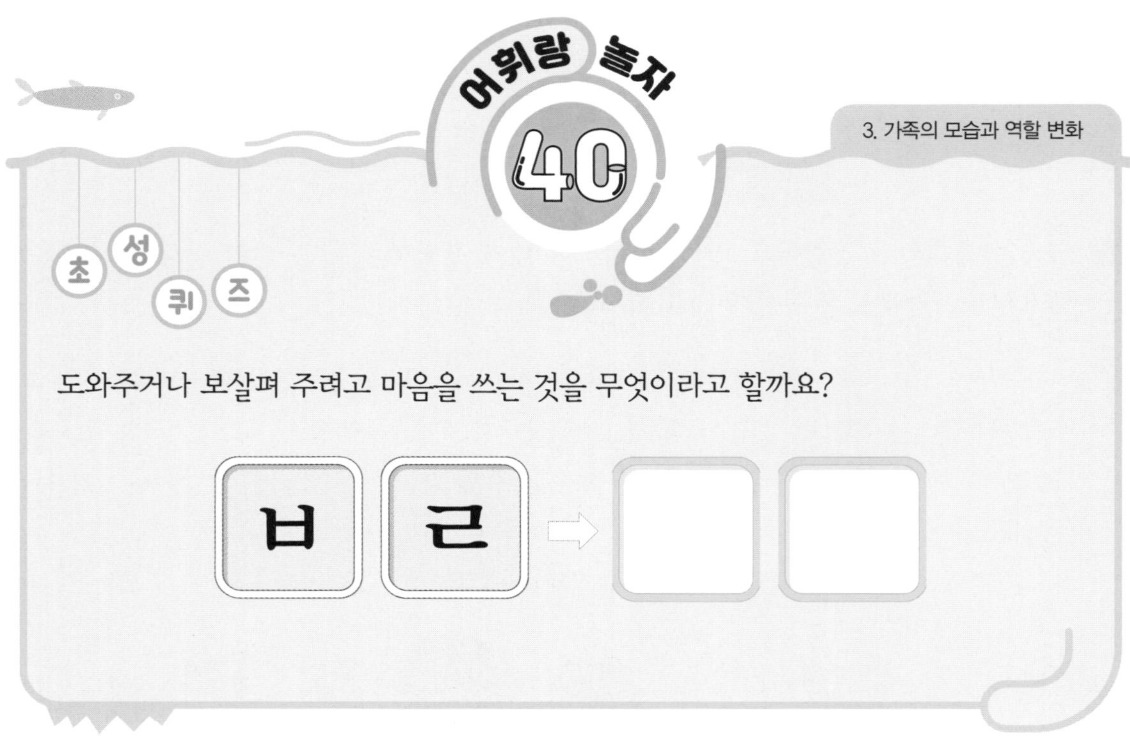
어휘랑 놀자
40
초 성 퀴 즈

도와주거나 보살펴 주려고 마음을 쓰는 것을 무엇이라고 할까요?

ㅂ ㄹ → ☐ ☐

바른 생각 고르기

다음은 '배려'에 대한 여러 가지 생각이에요. 바른 내용에 색을 칠해 주세요.

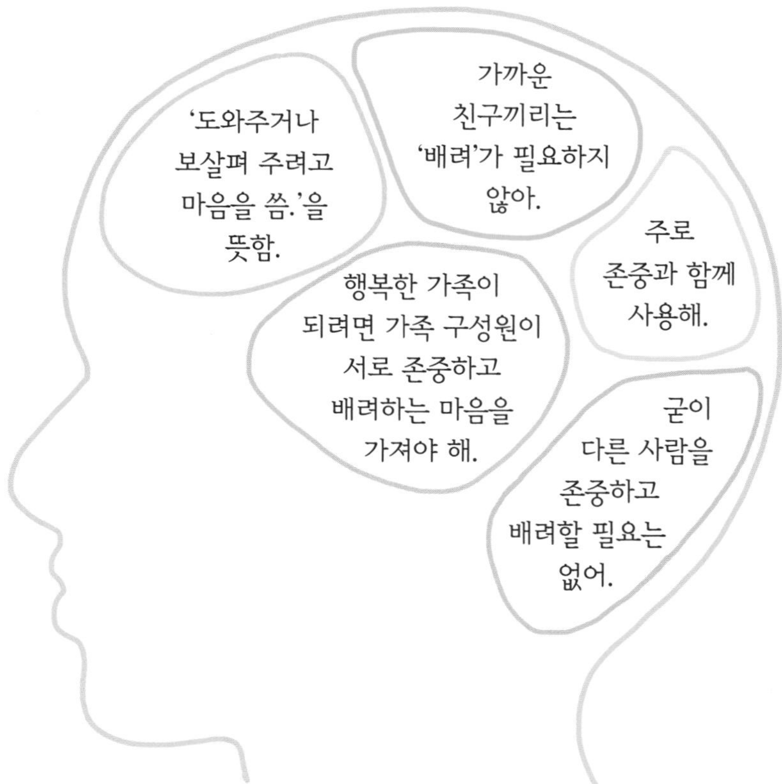
'도와주거나 보살펴 주려고 마음을 씀.'을 뜻함.
가까운 친구끼리는 '배려'가 필요하지 않아.
주로 존중과 함께 사용해.
행복한 가족이 되려면 가족 구성원이 서로 존중하고 배려하는 마음을 가져야 해.
굳이 다른 사람을 존중하고 배려할 필요는 없어.

정답 117쪽

내가 할 수 있는 배려는?

'도와주거나 보살펴 주려고 마음을 쓰는 것'을 '배려'라고 해요. 가족이나 친구에게 여러분이 해 줄 수 있는 배려에는 어떤 것이 있는지 단풍잎 위에 적어 보세요.

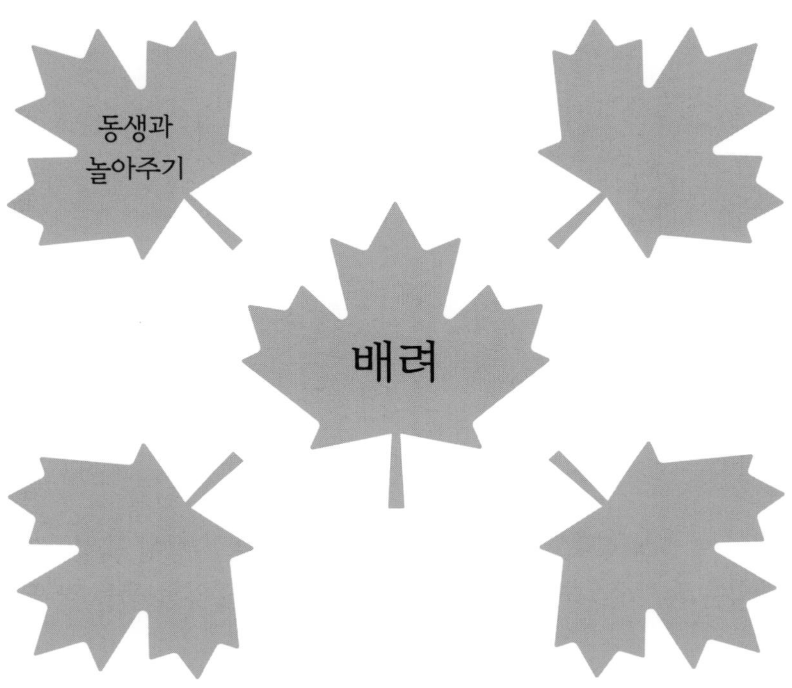
동생과
놀아주기
배려

냥냥이와 문장대결

'배려'라는 어휘를 넣어 알갓냥과 문장 대결을 펼쳐 볼까요?

어려운 이웃에게는 관심과 배려가 꼭 필요해.

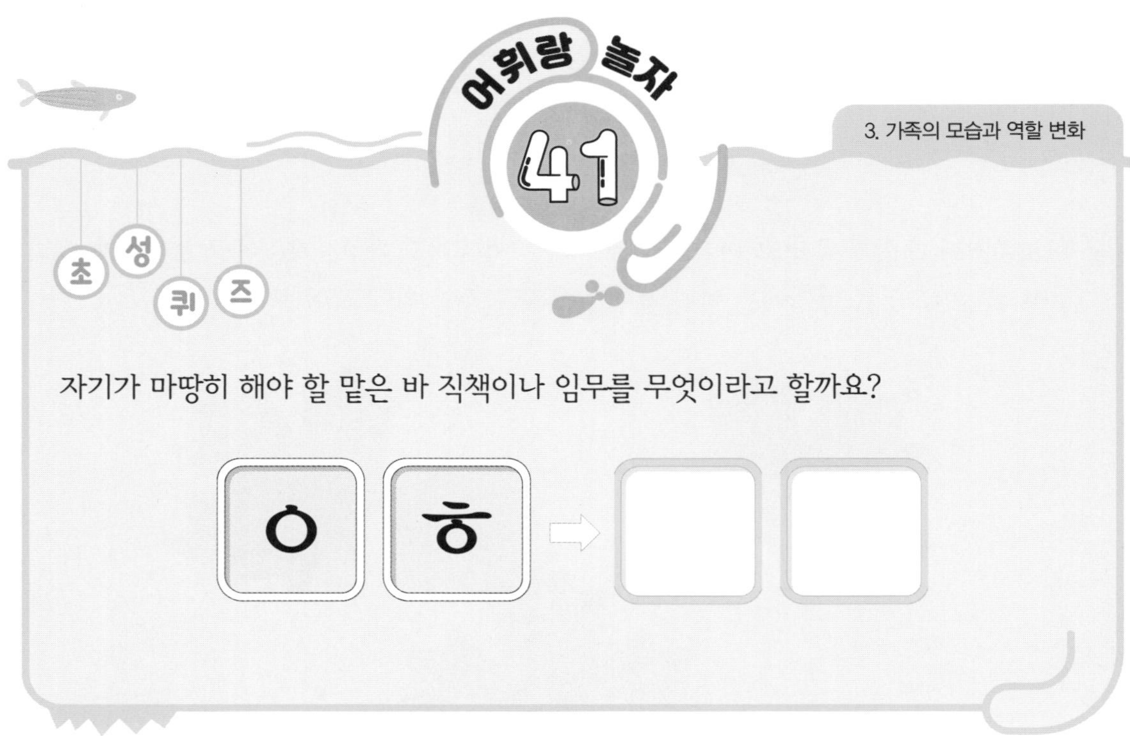
어휘랑 놀자
41
초성 퀴즈
ㅇ
ㅎ

자기가 마땅히 해야 할 맡은 바 직책이나 임무를 무엇이라고 할까요?

ㅇ ㅎ → [ ] [ ]

꽃잎 완성하기

'역할'의 뜻이 바르게 적혀 있거나 문장 속에서 알맞게 사용된 꽃잎은 주황색으로, 그렇지 않은 꽃잎은 노란색으로 칠하려고 해요. 머라냥이 꽃잎의 색을 잘 칠할 수 있게 도와주세요.

역할

- 자기가 마땅히 해야 할 맡은 바 직책이나 임무를 역할이라고 해.
- 역할과 구실은 비슷한 어휘야.
- 옛날에는 가족 구성원의 남녀 역할이 구분되어 있지 않았어.
- 내 역할은 신발 정리하기야.
- 옛날과 비교해서 오늘날에는 남녀의 역할을 많이 구분해.

정답 117쪽

냥냥이는 누구일까요?

냥냥이들이 놀이공원에서 풍선을 들고 기차를 탔어요. 다음 중 '역할'과 비슷한 말이 적힌 어휘 풍선을 들고 있는 냥냥이는 누구일까요?

역시
역사
구실
역도
알갔냥
예뽀냥
괜찬냥
어쩌냥

정답 :

냥냥이와 문장대결

'역할'이라는 어휘를 넣어 머라냥과 문장 대결을 펼쳐 볼까요?

우리집에서 나의 역할은 애교 담당이야.

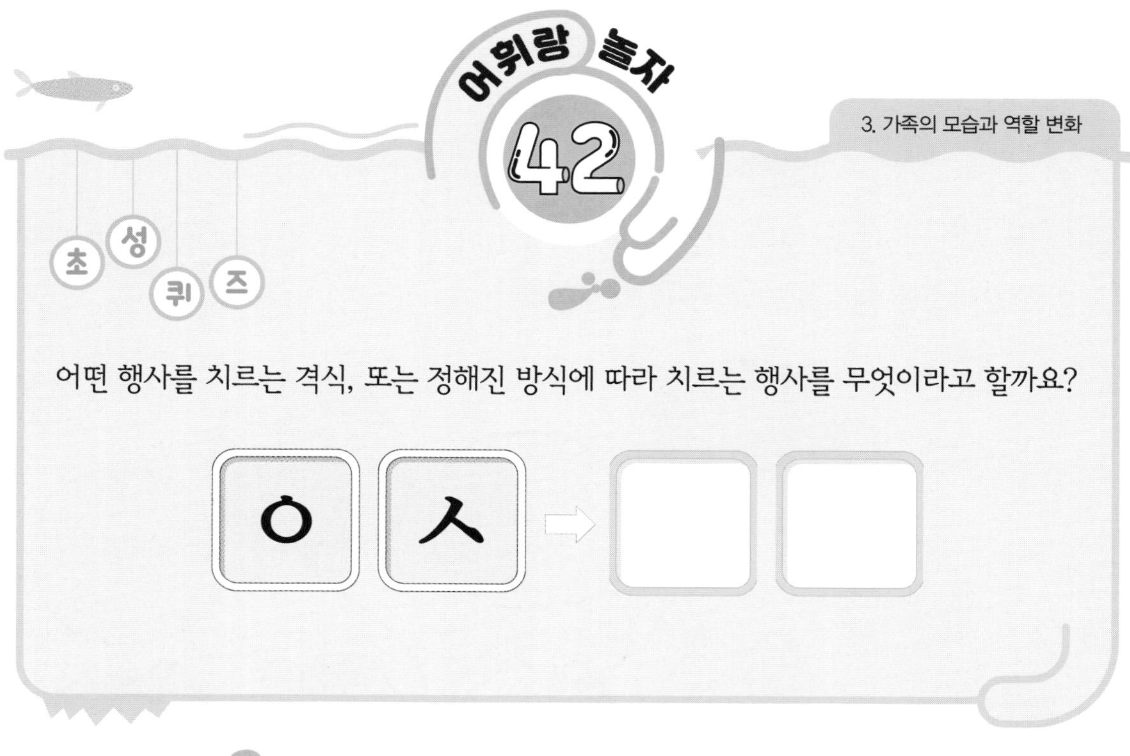
어휘랑 놀자
42
초
성
퀴
즈
ㅇ
ㅅ

어떤 행사를 치르는 격식, 또는 정해진 방식에 따라 치르는 행사를 무엇이라고 할까요?

사다리 타기

다음 문장에 사용된 '의식'이 어떤 뜻인지 보기 에서 고른 다음, 사다리를 타고 내려가 빈칸에 그 기호를 써 넣으세요.

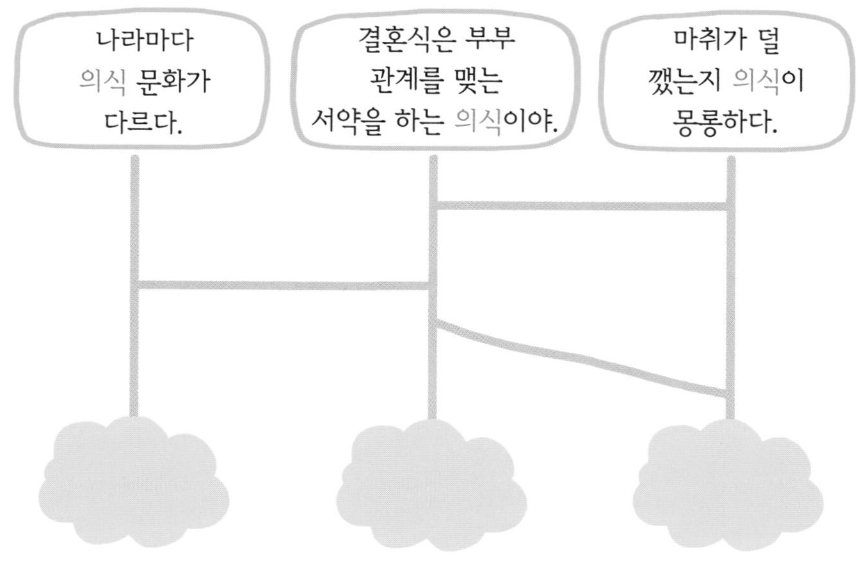
나라마다 의식 문화가 다르다.
결혼식은 부부 관계를 맺는 서약을 하는 의식이야.
마취가 덜 깼는지 의식이 몽롱하다.

보기
㉮ 깨어 있는 상태에서 자기 자신이나 사물에 대하여 인식하는 작용
㉯ 옷과 음식을 아울러 이르는 말
㉰ 어떤 행사를 치르는 격식, 또는 정해진 방식에 따라 치르는 행사

생일 초 켜기

오늘은 어쩌냥의 생일이에요. 케이크에 써 있는 문제를 풀면 생일 초를 켤 수 있어요.
(   ) 안에 공통으로 들어갈 어휘는 무엇인지 쓰세요.

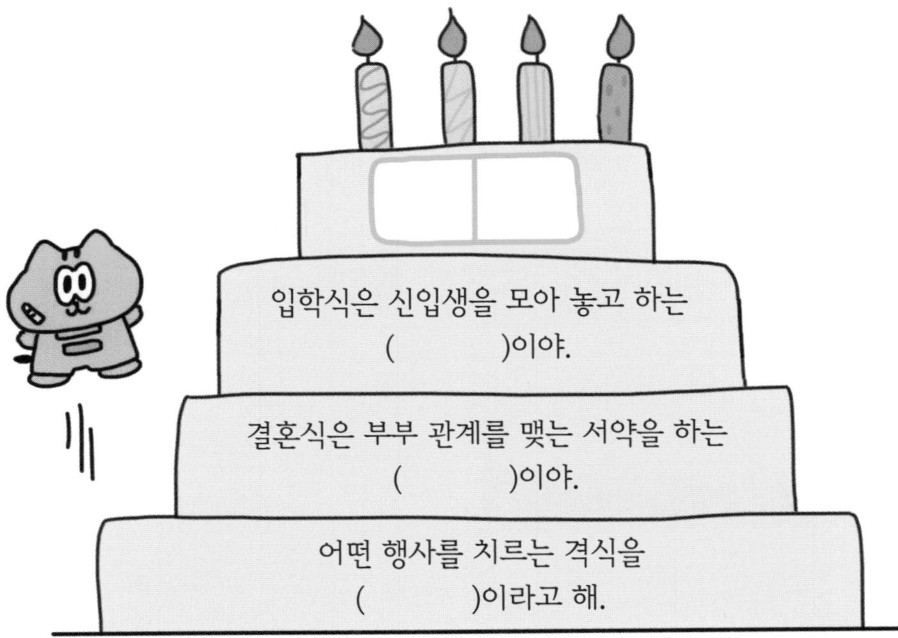
입학식은 신입생을 모아 놓고 하는
(   )이야.
결혼식은 부부 관계를 맺는 서약을 하는
(   )이야.
어떤 행사를 치르는 격식을
(   )이라고 해.

냥냥이와 문장대결

'의식'이라는 어휘를 넣어 모르냥과 문장 대결을 펼쳐 볼까요?

부부 관계를 맺는 약속을 하는 의식을 혼례라고 해.

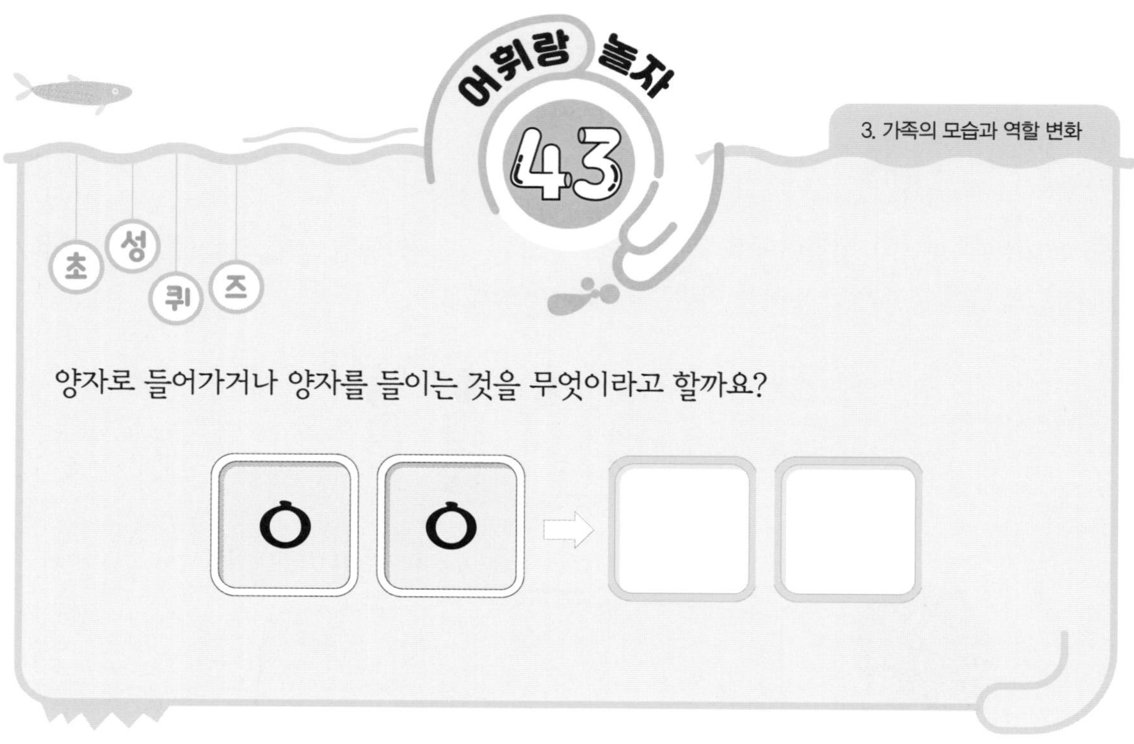
어휘랑 놀자
43
초
성
퀴
즈
양자로 들어가거나 양자를 들이는 것을 무엇이라고 할까요?
ㅇ
ㅇ

첫말을 거꾸로, 끝말을 똑바로!

'입양'으로 끝말잇기를 해볼까요? 입양의 '입'을 거꾸로 이어보고, 입양의 '양'을 똑바로도 이어 보세요.

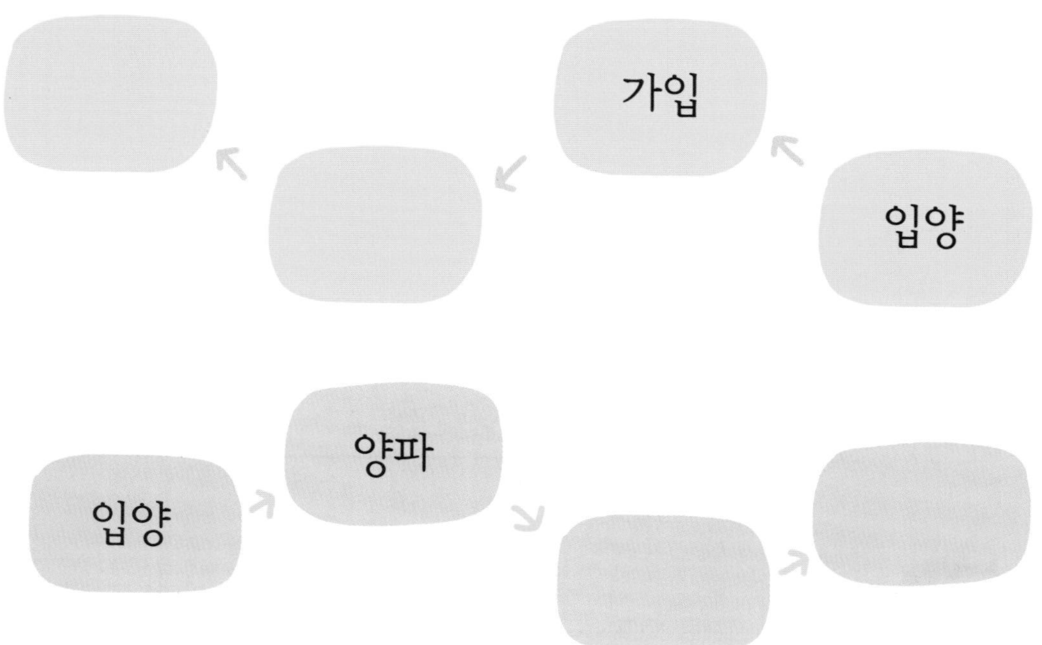
가입
입양
입양
양파

정답 118쪽

카드 놀이하기

냥냥이들이 카드 놀이를 하고 있어요. 다음 어휘 카드와 그 어휘를 바르게 설명한 카드를 골라 같은 색으로 칠해 주세요.

입양
양친
(양부모)
양자
입양하여 길러준 부모
입양에 의해 자식의 자격을 얻은 사람
양자로 들어가거나 양자를 들이는 것

냥냥이와 문장대결

'입양'이라는 어휘를 넣어 예뽀냥과 문장 대결을 펼쳐 볼까요?

가족은 결혼, 출생, 입양 등으로 만들어진다고 해.

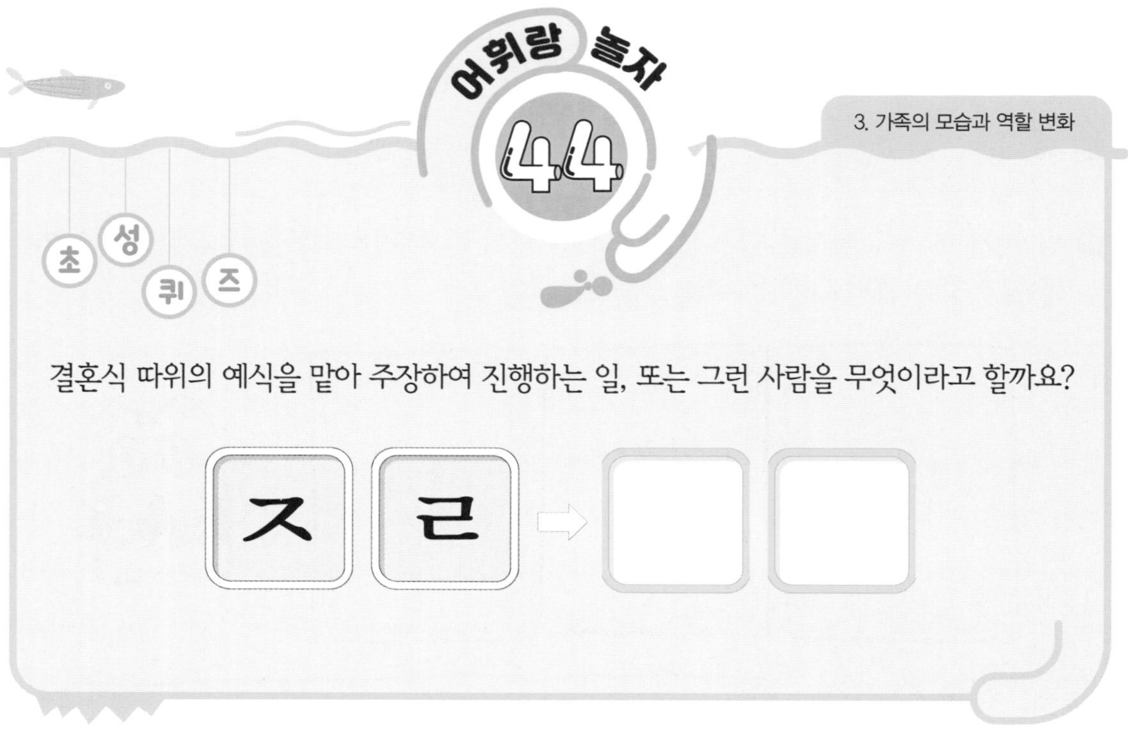
어휘랑 놀자
44
초성퀴즈
ㅈ
ㄹ

결혼식 따위의 예식을 맡아 주장하여 진행하는 일, 또는 그런 사람을 무엇이라고 할까요?

내가 주례라면?

어쩌냥과 어쩌냥 아빠의 대화 내용을 보고, 여러분이 주례라면 어떤 말을 할지 말주머니를 채워 주세요.

아빠, 신랑과 신부 앞에 서 계신 분은 누구세요?
어쩌냥
주례라고 해. 부부가 되었음을 선언하고 축복해 주는 사람이야.
어쩌냥 아빠

정답 118쪽

가위바위보!

알갔냥과 다른 냥냥이들이 가위바위보 게임을 하고 있어요. 한 명을 골라 가위바위보를 한 다음 그 결과에 따라 이겼을 때, 비겼을 때, 졌을 때의 문제를 풀어 보세요.

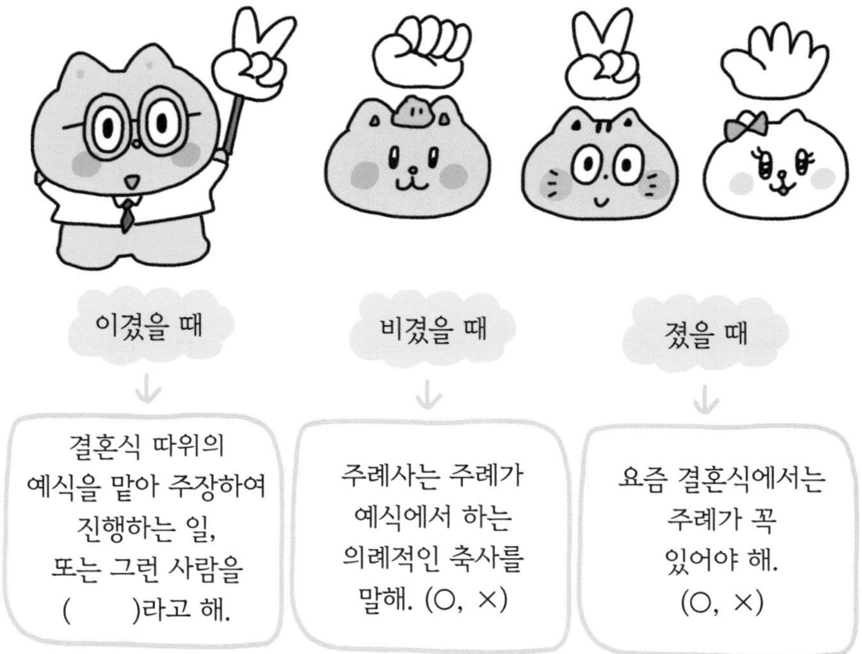

이겼을 때
결혼식 따위의 예식을 맡아 주장하여 진행하는 일, 또는 그런 사람을 (　　)라고 해.
비겼을 때
주례사는 주례가 예식에서 하는 의례적인 축사를 말해. (○, ×)
졌을 때
요즘 결혼식에서는 주례가 꼭 있어야 해. (○, ×)

냥냥이와 문장대결

'주례'라는 어휘를 넣어 어쩌냥과 문장 대결을 펼쳐 볼까요?

주례는 신랑, 신부에게 부부가 되었음을 선언하는 사람이야.

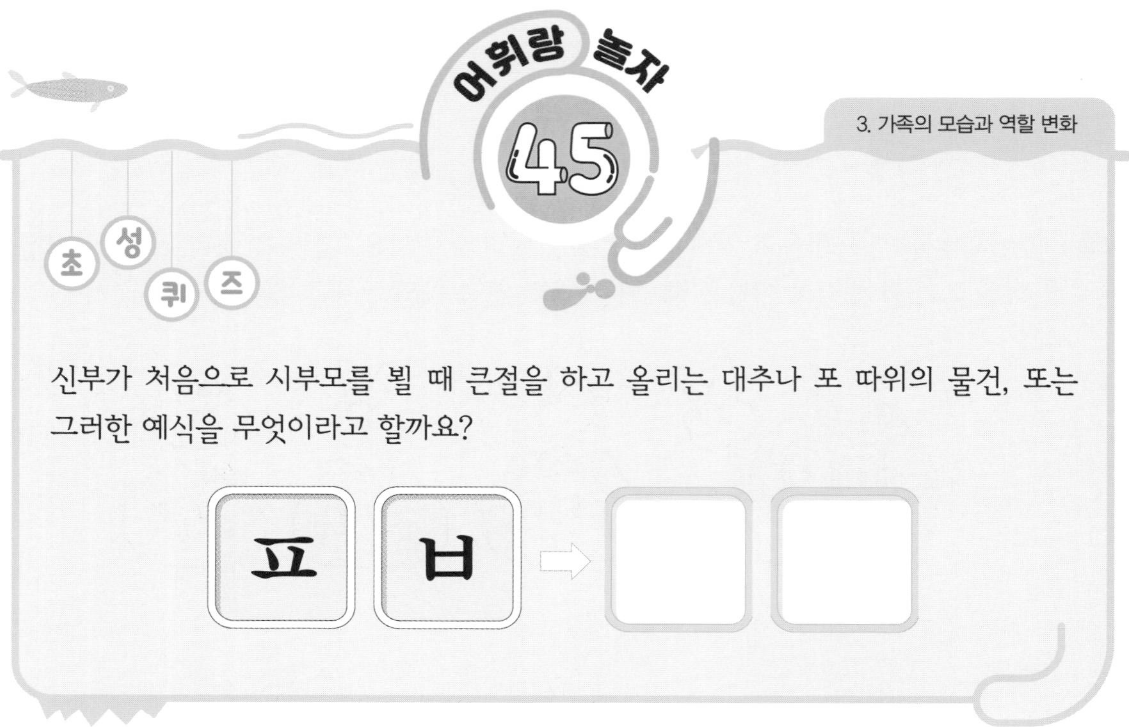
어휘랑 놀자
45
초 성 퀴 즈
ㅍ
ㅂ

신부가 처음으로 시부모를 뵐 때 큰절을 하고 올리는 대추나 포 따위의 물건, 또는 그러한 예식을 무엇이라고 할까요?

무엇을 검색했을까?

다음 그림과 해시태그를 보고 무엇을 검색한 결과인지 검색창에 적어 보세요.

시부모와 시댁 어른들에게 하는 첫인사 # 오늘날은 두 사람의 집안 어른들에게 하는 첫인사 # 큰절 # 대추와 밤 # 신부의 치마

정답 118쪽

전화번호 뒷자리 알아내기

머라냥이 휴대 전화번호의 뒷자리 3개를 잊어버렸대요. 머라냥의 전화번호 뒷자리는 '폐백'에 대한 바른 내용을 찾아 그 번호를 차례대로 적으면 알 수 있어요. 머라냥을 도와주세요.

머라냥
010-9876-5□□□

0	1	2	3
폐백에서 대추와 밤을 신부의 치마에 던져 주었다.	대추와 밤을 던져 주는 의미는 자식을 많이 낳고 부자가 되라는 뜻이다.	신랑의 집안 어른들에게 하는 간단한 인사이다.	폐백은 새롭게 가족이 된 두 사람의 행복을 빌어 주는 의미가 담겨 있다.

번호: □□□

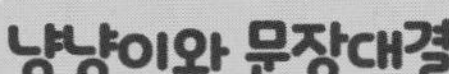
냥냥이와 문장대결

'폐백'이라는 어휘를 넣어 괜찮냥과 문장 대결을 펼쳐 볼까요?

고모 결혼식에서 고모가 옛날 신부 옷을 입고 폐백하는 것을 봤는데 정말 신기하더라.

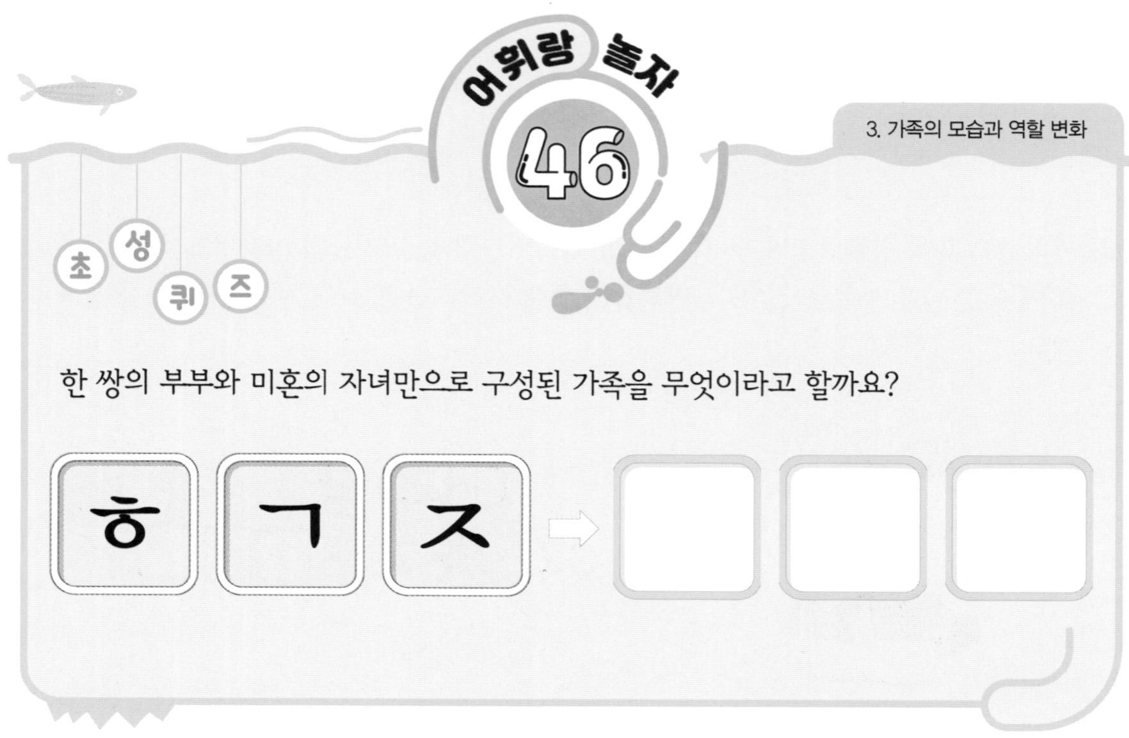
어휘랑 놀자
46
초성 퀴즈
ㅎ ㄱ ㅈ

한 쌍의 부부와 미혼의 자녀만으로 구성된 가족을 무엇이라고 할까요?

괜찮냥 가족의 어휘 팻말은?

괜찮냥 가족이 가족 퀴즈 대회에 참가했어요. 괜찮냥 가족 구성원이 각각 팻말에 있는 번호의 퀴즈를 풀면 어휘 팻말을 완성할 수 있어요. 각 번호의 퀴즈를 풀고 ○, ×에 알맞은 글자를 골라 팻말에 적어 주세요.

❶ 오늘날 가족 형태는 모두 핵가족이다.

○	×
참	멋

❷ 오늘날에는 핵가족이 확대 가족보다 많다.

○	×
진	짜

❸ 핵가족은 부부와 결혼하지 않은 자녀가 함께 사는 가족을 말한다.

○	×
가	지

❹ 괜찮냥 가족은 확대 가족이다.

○	×
만	족

❶
❷
❸
❹
아빠
엄마
괜찮냥
동생

정답 118쪽

첫말 끝말 잇기

'핵가족'으로 첫말과 끝말 잇기를 하고 있어요. 첫말과 끝말 잇기 칸에 넣을 어휘를 적어 보세요.

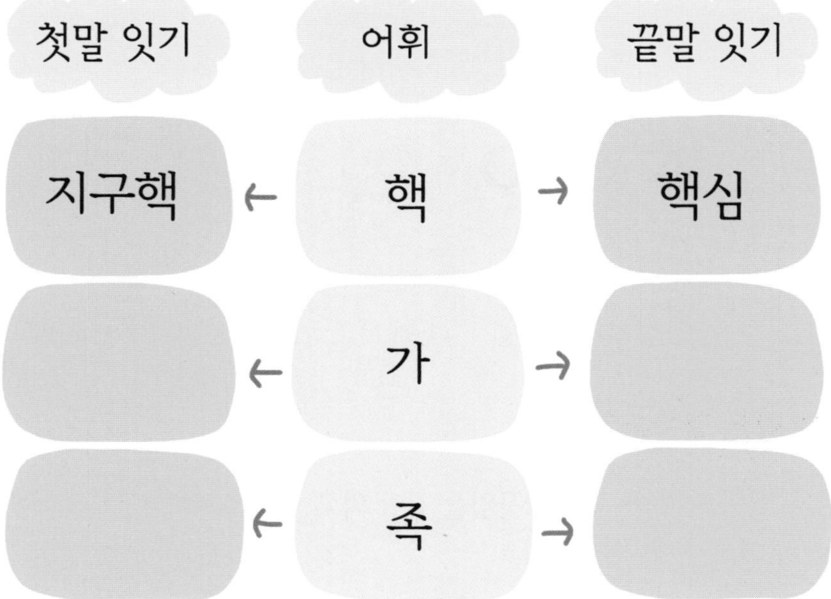
첫말 잇기
어휘
끝말 잇기
지구핵
핵
핵심
가
족

냥냥이와 문장대결

'핵가족'이라는 어휘를 넣어 알갓냥과 문장 대결을 펼쳐 볼까요?

오늘날에는 핵가족이 점점 증가하고 있대.

어휘랑 놀자
47
초 성 퀴 즈
ㅎ
ㅇ

같은 핏줄에 의하여 연결된 인연을 무엇이라고 할까요?

애벌레가 먹은 글자는?

애벌레가 '혈연'의 뜻이 적힌 나뭇잎을 갉아 먹고 있어요. 애벌레가 먹어서 안 보이는 글자를 보기 에서 찾아 적어 주세요.

보기 가족, 입양, 관계, 핏줄, 형식

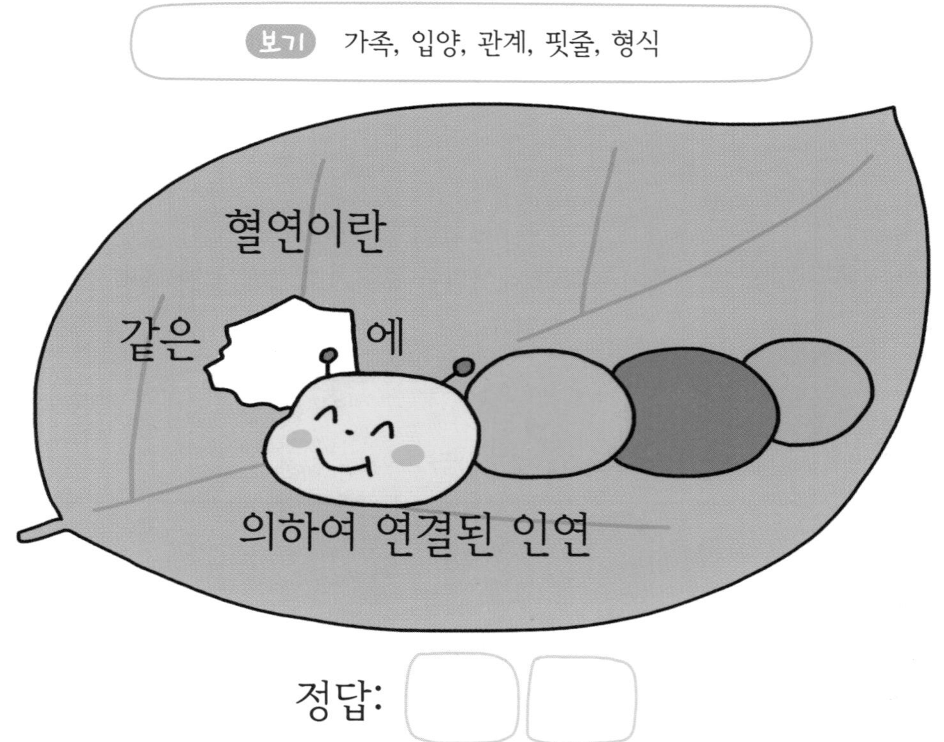
혈연이란
같은
에
의하여 연결된 인연

정답:

정답 119쪽

공통 어휘 찾기

개구리 가족 구성원이 공통으로 말하고 있는 어휘는 무엇일까요? 수련잎에 한 글자씩 써 보세요.

지금 우리 개구리 가족은
(   ) 관계야.
핏줄과 (   )은
비슷한 말이야.
같은 핏줄에 의하여 연결된
인연을 (   )이라고 해.

냥냥이와 문장대결

'혈연'이라는 어휘를 넣어 머라냥과 문장 대결을 펼쳐 볼까요?

우리 부모님과 오빠와 나는 혈연관계야.

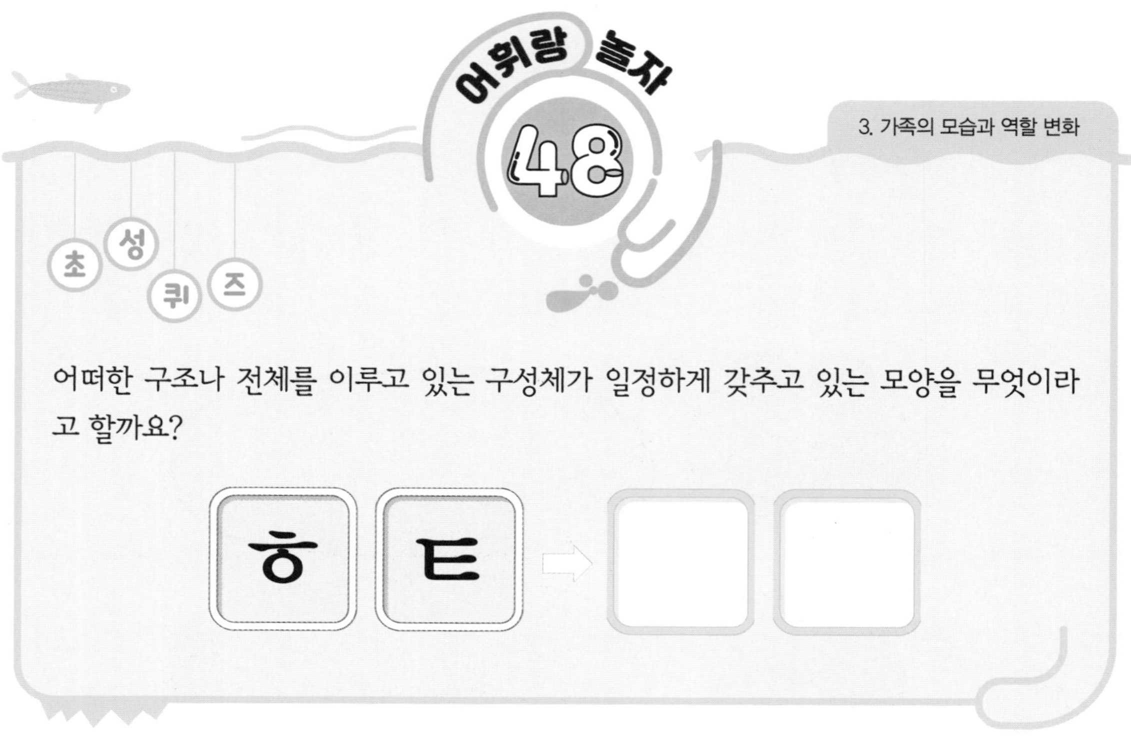
어휘랑 놀자
48
초
성
퀴
즈
ㅎ
ㅌ

어떠한 구조나 전체를 이루고 있는 구성체가 일정하게 갖추고 있는 모양을 무엇이라고 할까요?

옳은 팻말 어휘 찾기

다음 팻말의 설명을 읽고 맞으면 ○, 틀리면 ×를 선택하여 찾은 글자를 순서대로 써서 어휘를 만들어 보세요.

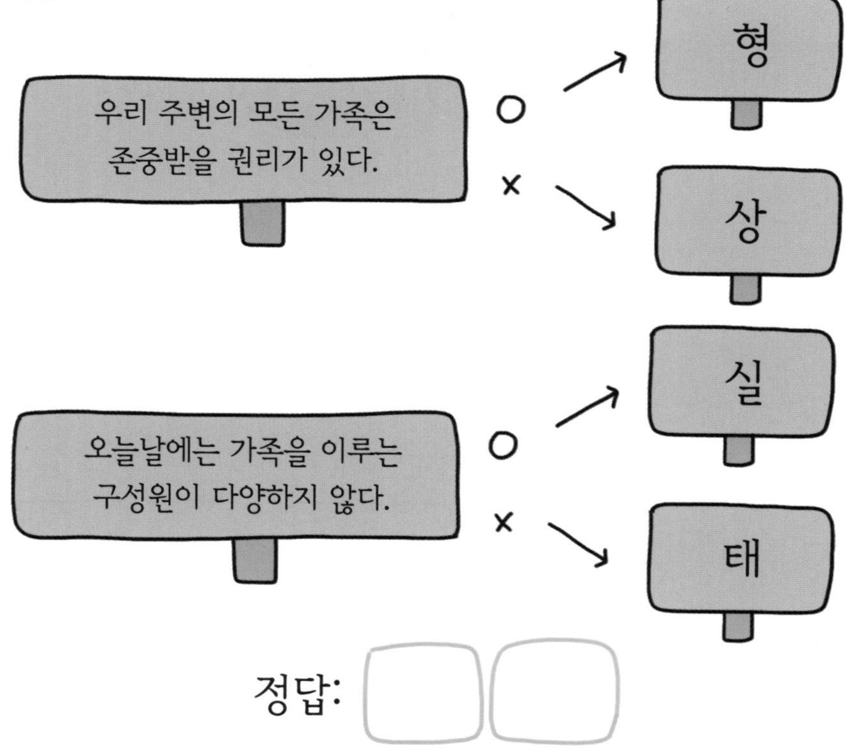
우리 주변의 모든 가족은 존중받을 권리가 있다.
○
×
형
상
오늘날에는 가족을 이루는 구성원이 다양하지 않다.
○
×
실
태

정답:

정답 119쪽

암호표에서 정답을 찾아라!

다음 네모 칸에 공통으로 들어갈 말을 찾으려고 해요. 아래 암호표를 이용하면 답을 찾을 수 있어요. 다행히 알갓냥이 암호를 풀 수 있는 힌트를 알고 있대요. 힌트를 잘 보고 답을 찾아보세요.

가족 □□
모둠 □□
놀이 □□
□□
프로그램 □□
힌트!!
㉩F㉧㉢H

▶ 암호표

㉠	㉡	㉢	㉣	㉤	㉥	㉦	㉧	㉨	㉩
ㅂ	ㅈ	ㅌ	ㄱ	ㅅ	ㅁ	ㄴ	ㅇ	ㄹ	ㅎ
A	B	C	D	E	F	G	H	I	J
ㅗ	ㅓ	ㅏ	ㅜ	ㅛ	ㅕ	ㅑ	ㅐ	ㅔ	ㅡ

정답:

냥냥이와 문장대결

'형태'라는 어휘를 넣어 모르냥과 문장 대결을 펼쳐 볼까요?

계곡에 가서 물속을 들여다보면 다양한 형태의 돌들이 쌓여 있는 것을 볼 수 있어.

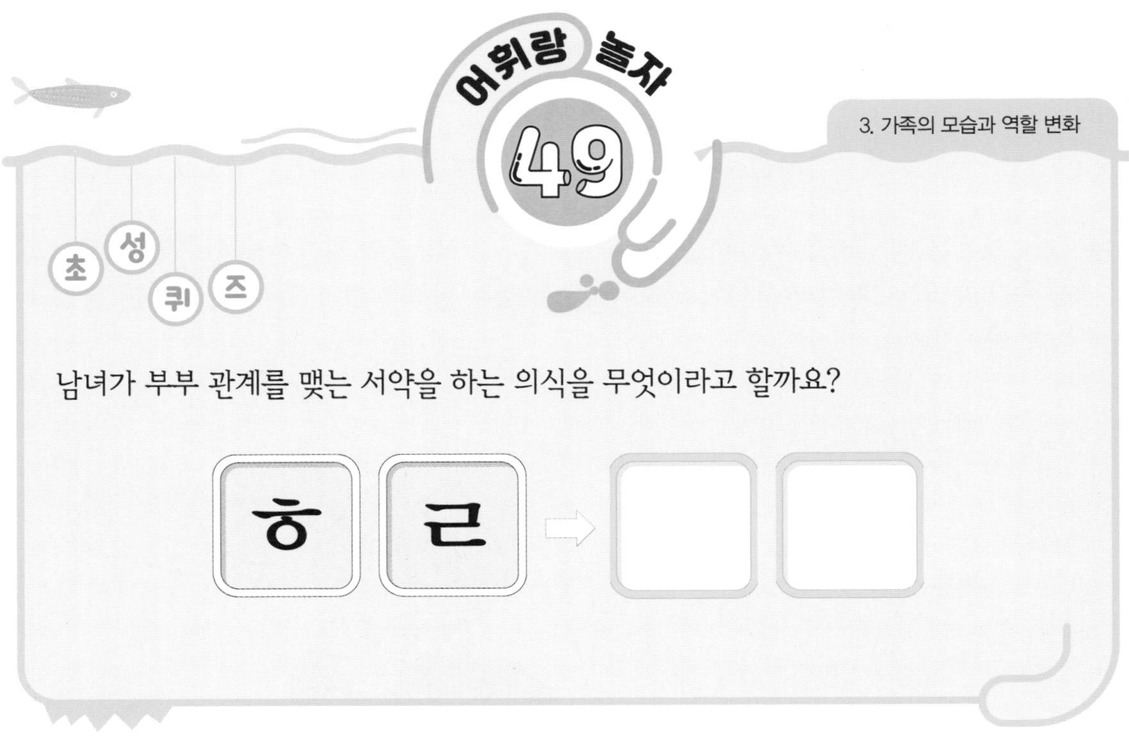
어휘랑 놀자
49
초 성 퀴 즈
남녀가 부부 관계를 맺는 서약을 하는 의식을 무엇이라고 할까요?
ㅎ
ㄹ

신부 만나러 가기

신랑이 혼례를 치르기 위해 신부를 만나러 가고 있어요. 바른 설명을 선으로 연결하여 길을 찾으면 신부에게 갈 수 있어요. 신랑이 신부를 만날 수 있게 도와주세요.

예전의 혼례와 오늘날의 결혼식은 같은 말이다.

옛날에는 신부의 집에서 혼례를 치렀다.

옛날 혼례 때 신랑은 신부에게 반지를 주었다.

옛날에는 폐백을 드리지 않았다.

혼인과 결혼은 같은 말로, 남자와 여자가 부부가 되는 것이다.

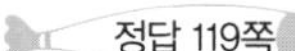
정답 119쪽

숨은 어휘 찾기

다음 설명에서 ○○, △△△, □□□에 해당하는 어휘를 아래 글자판에서 찾아 ○, △, □표해 주세요.

❶ 남녀가 부부 관계를 맺는 서약을 하는 의식을 ○○라고 한다.
❷ 옛날에는 신랑이 신부에게 나무 △△△를 주었다.
❸ 오늘날에는 혼례를 □□□이라고 한다.

과	수	원	공	장
혼	례	결	허	리
강	혼	야	기	온
식	갯	식	러	하
수	벌	장	기	천

냥냥이와 문장대결

'혼례'라는 어휘를 넣어 예뽀냥과 문장 대결을 펼쳐 볼까요?

옛날에는 혼례를 마치고 나면 신랑은 말을 타고, 신부는 가마를 타고 신랑의 집으로 갔대.

어휘랑 놀자
50
초 성 퀴 즈

자녀가 결혼 후에도 부모와 같이 사는 가족 형태를 무엇이라고 할까요?

ㅎ ㄷ ㄱ ㅈ → □□□□

말판놀이

가족과 주사위를 던져 나온 수만큼 움직여 '확대 가족' 관련 문제를 푸는 말판 놀이를 해 보세요. 틀린 답을 말하면 맨 처음으로 돌아가야 해요.

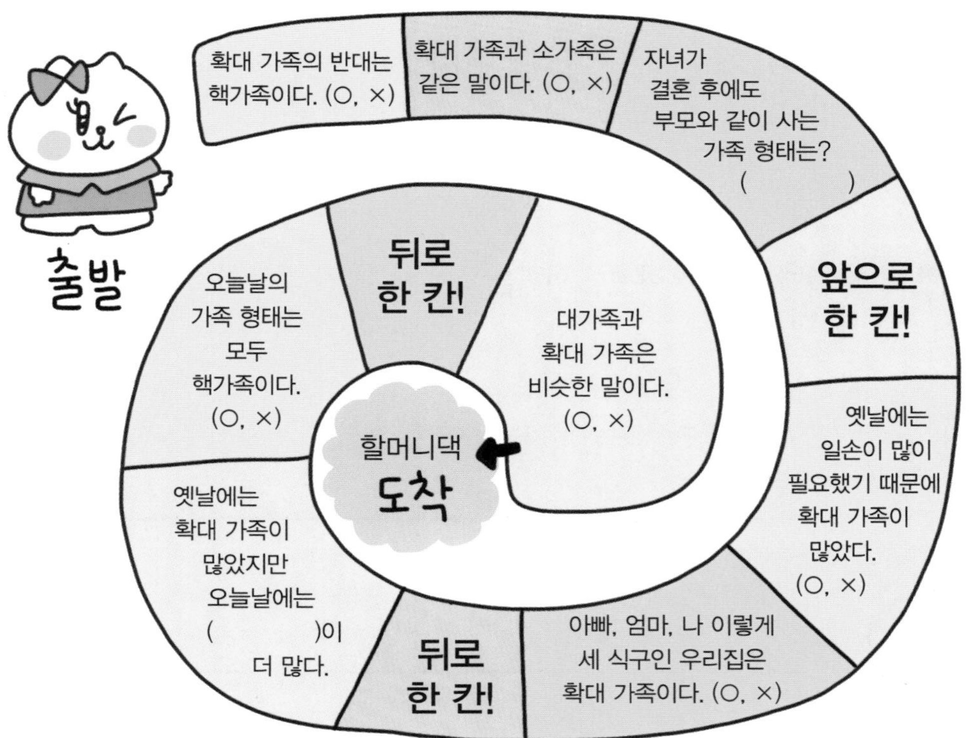

출발
확대 가족의 반대는 핵가족이다. (○, ×)
확대 가족과 소가족은 같은 말이다. (○, ×)
자녀가 결혼 후에도 부모와 같이 사는 가족 형태는? (   )
앞으로 한 칸!
옛날에는 일손이 많이 필요했기 때문에 확대 가족이 많았다. (○, ×)
아빠, 엄마, 나 이렇게 세 식구인 우리집은 확대 가족이다. (○, ×)
뒤로 한 칸!
옛날에는 확대 가족이 많았지만 오늘날에는 (   )이 더 많다.
오늘날의 가족 형태는 모두 핵가족이다. (○, ×)
뒤로 한 칸!
대가족과 확대 가족은 비슷한 말이다. (○, ×)
할머니댁 도착

정답 119쪽

가족과 빙고놀이

3학년 2학기 사회 어휘 공부가 모두 끝났어요. 열심히 익힌 어휘 중 25개를 골라 가족과 함께 5줄 빙고놀이를 해 보세요.

강수량, 갯벌, 공장, 과수원, 기온, 사막, 산비탈, 숙박, 양식장, 영양분, 의식주, 인문 환경, 일기 예보, 주택, 초가집, 하천, 기와집, 기원, 농기계, 단오, 덕담, 도구, 맷돌, 방직기, 복조리, 세시 풍속, 오곡밥, 온돌, 음력, 장신구, 중양절, 차례, 청동, 토기, 트랙터, 한식, 구성원, 독립, 반려동물, 배려, 역할, 의식, 입양, 주례, 폐백, 핵가족, 혈연, 형태, 혼례, 확대 가족

냥냥이와 문장대결

'확대 가족'이라는 어휘를 넣어 어쩌냥과 문장 대결을 펼쳐 볼까요?

우리 아빠는 어렸을 때 할머니, 할아버지, 엄마, 아버지, 형제들이 모두 같이 사는 확대 가족이어서 가족 수가 많았대.

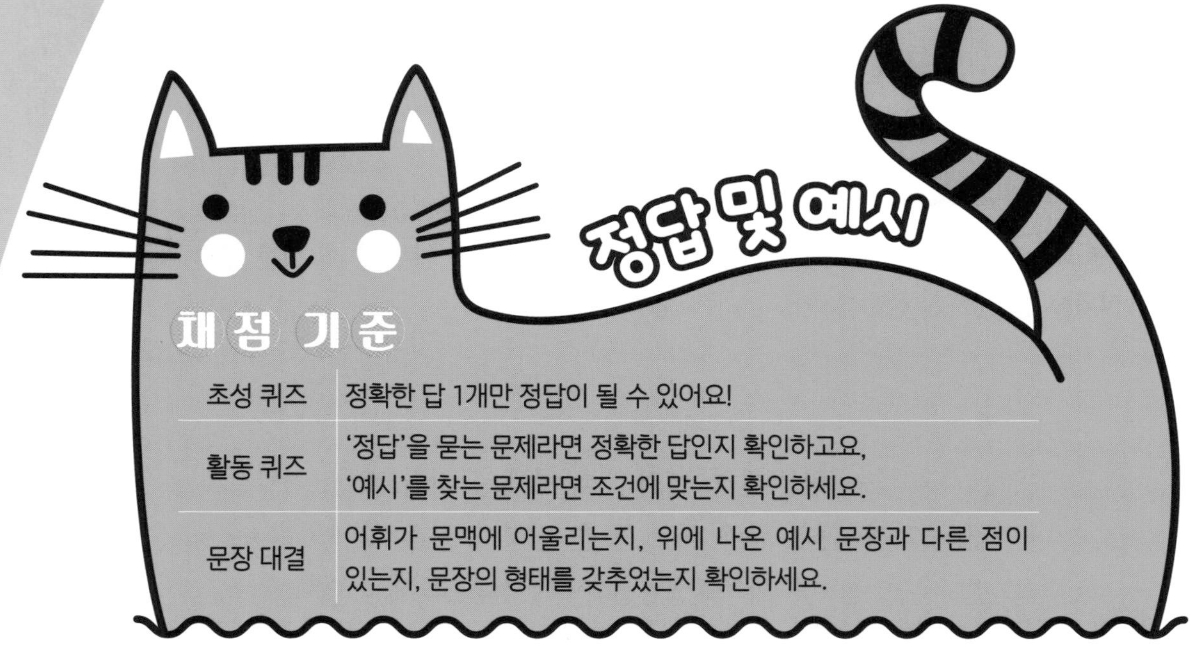

정답 및 예시

채점 기준

초성 퀴즈	정확한 답 1개만 정답이 될 수 있어요!
활동 퀴즈	'정답'을 묻는 문제라면 정확한 답인지 확인하고요, '예시'를 찾는 문제라면 조건에 맞는지 확인하세요.
문장 대결	어휘가 문맥에 어울리는지, 위에 나온 예시 문장과 다른 점이 있는지, 문장의 형태를 갖추었는지 확인하세요.

01 강수량 8쪽

초성 퀴즈

강수량

물방울 글자를 찾아라!

강
기
량
온
수
안
강 수 량

그래프의 제목은?

강수량

문장 대결

예 우리 고장은 여름에 강수량이 많다.

02 갯벌 10쪽

초성 퀴즈

갯벌

해시태그 읽고 장소 찾기

(갯벌 모습이 드러나게 간단히 그린다.)

갯벌

바지락 속 글자 찾기

낙지

문장 대결

예 지난 주말에 갯벌 체험을 다녀왔어.

03 공장 12쪽

초성 퀴즈

공장

설명하는 어휘는?

설비, 공장

어울리는 어휘를 선으로 연결하기

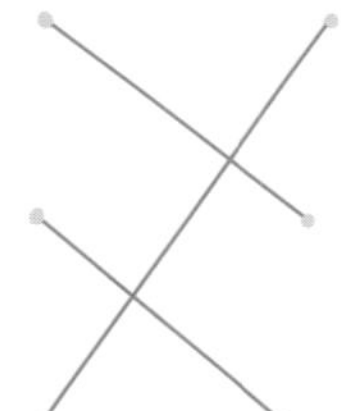

문장 대결

예 우리가 사용하는 물건들은 대부분 공장에서 만들어졌어.

04 과수원 14쪽

초성 퀴즈

과수원

글자 사과 조합하기

과수원

삼행시 짓기

예 과 - 과일을 좋아하고,
수 - 수학을 잘하며,
원 - 원숭이처럼 재주가 많은 나!

문장 대결

예 과수원에서 따온 배가 정말 맛있어.

05 기온 16쪽

초성 퀴즈

기온

색칠하기

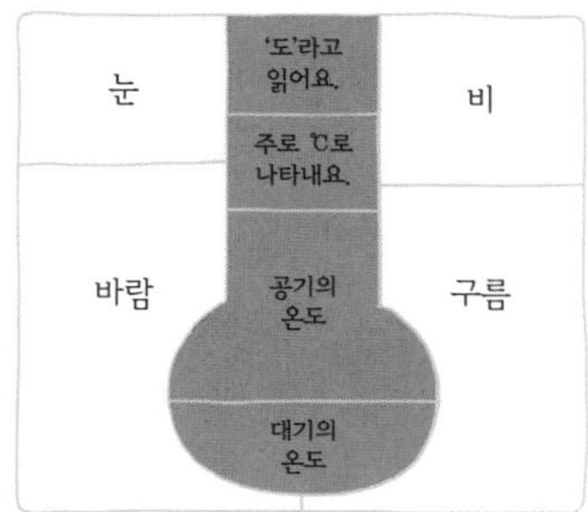

눈
'도'라고 읽어요.
비
주로 ℃로 나타내요.
바람
공기의 온도
구름
대기의 온도

튤립 퀴즈

공기의 온도, 대기의 온도를 '기온'이라고 한다.
√ 맞다 □ 틀리다
공기와 대기는 비슷한 말이다.
√ 맞다 □ 틀리다
우리나라는 겨울에 기온이 낮고, 여름에 기온이 높다.
√ 맞다 □ 틀리다
우리나라는 일년 내내 기온이 똑같다.
□ 맞다 √ 틀리다

문장 대결

예 기온이 낮은 겨울은 너무 추워.

06 사막 18쪽

초성 퀴즈

사막

선인장의 비밀을 밝혀라!

❶, ❷, ❸, ❺

쪽지의 조각은 어디에?

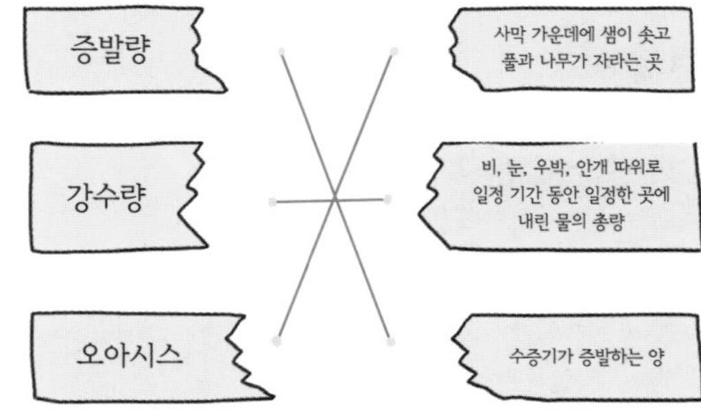

증발량
강수량
오아시스
사막 가운데에 샘이 솟고 풀과 나무가 자라는 곳
비, 눈, 우박, 안개 따위로 일정 기간 동안 일정한 곳에 내린 물의 총량
수증기가 증발하는 양

문장 대결

예 사막에는 오아시스가 있어.

07 산비탈 20쪽

초성 퀴즈

산비탈

등산을 해요!

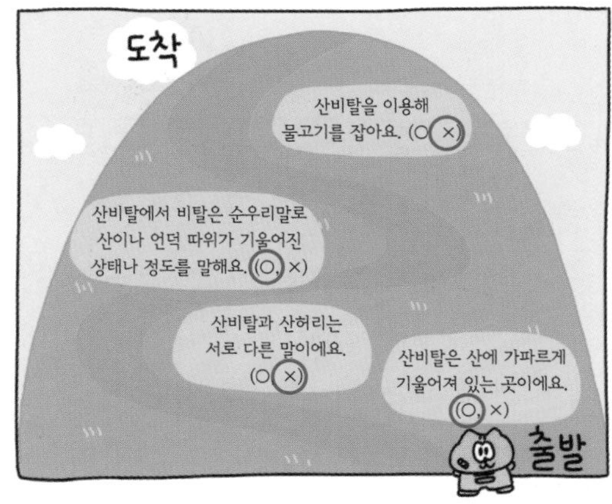

도착
산비탈을 이용해 물고기를 잡아요. (○, ×)
산비탈에서 비탈은 순우리말로 산이나 언덕 따위가 기울어진 상태나 정도를 말해요. (○, ×)
산비탈과 산허리는 서로 다른 말이에요. (○, ×)
산비탈은 산에 가파르게 기울어져 있는 곳이에요. (○, ×)
출발

글자표에서 숨은 어휘 찾기

과	수	원	공	장
사	막	산	하	천
강	비	양	기	산
탈	갯	식	주	허
수	벌	장	택	리

문장 대결

예 산비탈에서 눈썰매를 탔어.

08 숙박 22쪽

초성 퀴즈

숙박

횡단보도 끝말잇기

예 박수 - 수학 - 학생

뜻을 더하는 말 - 시설

예 운동 + 시설 = 운동 시설

편의 + 시설 = 편의 시설

놀이 + 시설 = 놀이 시설

문장 대결

예 가족 여행 때 숙박했던 호텔이 정말 좋았어.

09 양식장 24쪽

초성 퀴즈

양식장

양식장 물고기 잡기

우리가 자주 먹는 김은 양식장에서 대부분 길러요.
바다에 양식장을 만들어 물고기, 굴, 김, 미역 등을 길러요.
바닷가에 하얗게 떠 있는 것들은 양식장을 표시하는 것이에요.
우리가 먹는 해산물은 모두 다 양식장에서 기른 것들이에요.

총(3)마리

3단 끝말잇기

김	➡	김밥	➡	밥그릇
미역	➡	역사	➡	사진
굴	➡	굴비	➡	비행기

문장 대결

예 바다에 양식장을 만들어 김, 미역, 물고기 등을 길러.

10 영양분 26쪽

초성 퀴즈

영양분

공통 어휘를 찾아라!

영양분

'영양'에 뜻을 더하는 말

영양	+	분 성분을 뜻함.	=	영양분
영양	+	가 값을 뜻함.	=	영양가
영양	+	제 약을 뜻함.	=	영양제
영양	+	소 성질을 가진 성분이나 요소를 뜻함.	=	영양소

문장 대결

예 우리가 가끔 먹는 삼계탕에는 영양분이 많아.

11 의식주 28쪽

초성 퀴즈

의식주

예뽀냥의 일기

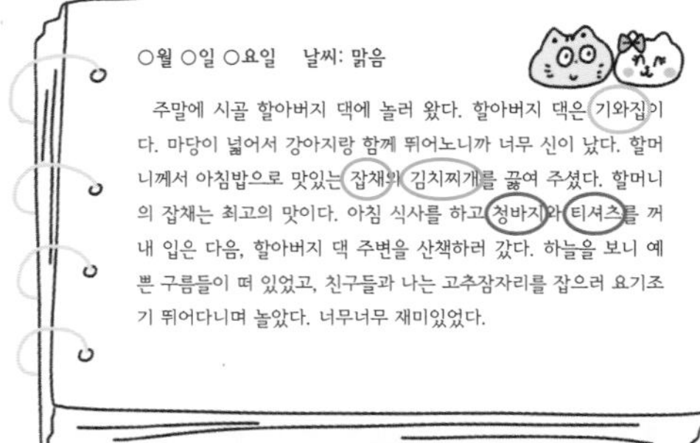

○월 ○일 ○요일 날씨: 맑음

주말에 시골 할아버지 댁에 놀러 왔다. 할아버지 댁은 기와집이다. 마당이 넓어서 강아지랑 함께 뛰어노니까 너무 신이 났다. 할머니께서 아침밥으로 맛있는 잡채와 김치찌개를 끓여 주셨다. 할머니의 잡채는 최고의 맛이다. 아침 식사를 하고 청바지와 티셔츠를 꺼내 입은 다음, 할아버지 댁 주변을 산책하러 갔다. 하늘을 보니 예쁜 구름들이 떠 있었고, 친구들과 나는 고추잠자리를 잡으러 요기조기 뛰어다니며 놀았다. 너무너무 재미있었다.

의식주를 설명해요!

- 衣 - 옷 의 - 예 청바지, 재킷, 치마, 모자, 운동화 등
- 食 - 먹을 식 - 예 밥, 파스타, 빵, 사과 등
- 住 - 집 주 - 예 기와집, 단독 주택, 초가집 등

문장 대결

예 의생활, 식생활, 주생활을 통틀어서 의식주라고 해.

12 인문환경 30쪽

초성 퀴즈

인문환경

십자말풀이

❶도	로				
시					
				❹자	
❷과	일			연	
수		❸인	문	환	경
원				경	

노래 가사 바꾸기

예 우리 주변 / 환경 중 / 인간이 / 만든 것
모두 인문 / 환경에 / 포함 / 된대요

문장 대결

예 도시에는 자연환경보다는 인문환경이 많아.

13 일기 예보 32쪽

초성 퀴즈

일기 예보

태양이 환하게 비추어요

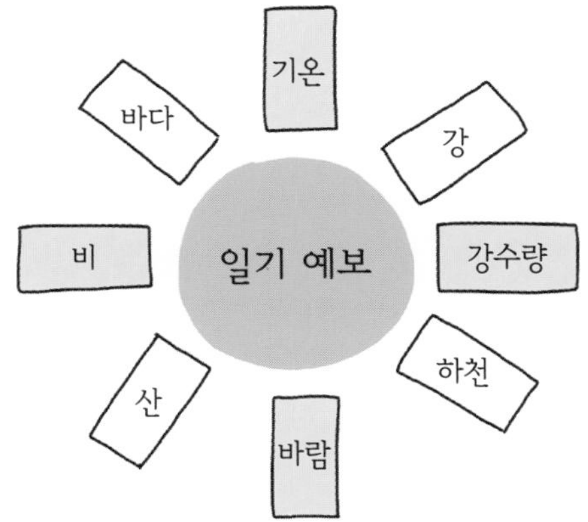
일기 예보
기온
강
강수량
하천
바람
산
비
바다

구름 속 숨은 글자는?

날씨

문장 대결

예 일기 예보를 매일 확인하면 날씨 변화에 대비할 수 있어.

14 주택 34쪽

초성 퀴즈

주택

빈칸을 채워라!

❶ 주택 ❷ 아파트

주택 O×퀴즈 풀기

주택과 집과 가옥은 다른 말이다.
(O, ×)
아파트는 공동 주택 양식의 하나이다.
(O, ×)

한 채씩 따로 지은 집을 단독 주택이라고 한다.
(O, ×)

주택에는 아파트, 단독 주택, 연립 주택 등이 있다.
(O, ×)

문장 대결

예 주택과 집과 가옥은 모두 비슷한 말이야.

15 초가집 36쪽

초성 퀴즈

초가집

보물 상자의 비밀번호를 찾아라!

2 3 5

다섯 고개의 정답은?

초가집

문장 대결

예 흥부와 놀부 이야기에서 흥부네 초가집 지붕 위에 열린 박이 신기했어.

16 하천 38쪽

초성 퀴즈

하천

하천 건너기

출발
하천 주변에는 산책로가 없다.
하천은 크고 작은 강이나 시내를 아울러 이르는 말이다.
설악산과 한라산은 하천이다.
사람들은 하천의 물을 이용하여 생활하거나 농사를 짓는다.
도착

골든벨을 울려라!

괜찮냥

문장 대결

예 하천 주변에는 산책로가 있어서 좋아.

17 기와집 40쪽

초성 퀴즈

기와집

머라냥 집 현관 비밀번호는?

(숫자 7에 색칠한다.)

알맞은 설명을 찾아라!

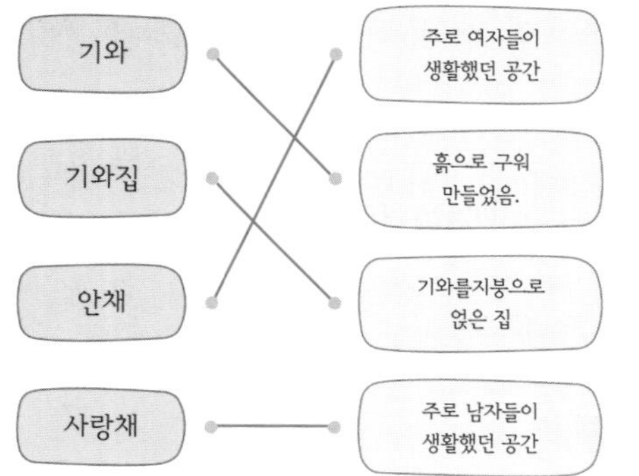
기와
기와집
안채
사랑채
주로 여자들이 생활했던 공간
흙으로 구워 만들었음.
기와를지붕으로 얹은 집
주로 남자들이 생활했던 공간

문장 대결

예 난 기와를 얹은 기와집의 지붕이 멋있는 것 같아.

18 기원 42쪽

초성 퀴즈

기원

냥냥이를 찾아주세요

알갓냥

글자는 같지만 뜻이 달라요!

예뻐냥

문장 대결

예 우리 조상들은 정월 대보름에 보름달을 보며 풍년을 기원했어.

19 농기계 44쪽

초성 퀴즈

농기계

O×퀴즈의 정답을 맞혀라!

문제	O × 버튼	
농사짓는 데 쓰는 기계를 '농기계'라고 한다.	O (✓)	×
농업 기계를 줄여서 '농기계'라고 한다.	O (✓)	×
조선 시대에도 '농기계'가 있어서 농사를 편리하고 쉽게 하였다.	O	× (✓)

선으로 연결하기

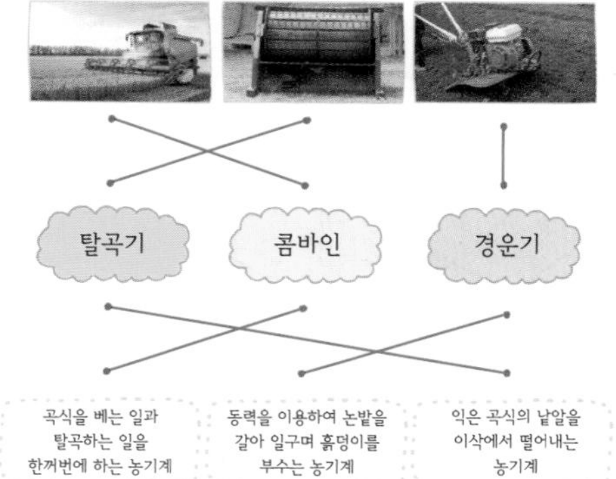
탈곡기
콤바인
경운기
곡식을 베는 일과 탈곡하는 일을 한꺼번에 하는 농기계
동력을 이용하여 논밭을 갈아 일구며 흙덩이를 부수는 농기계
익은 곡식의 낟알을 이삭에서 떨어내는 농기계

문장 대결

예 탈곡기, 콤바인, 경운기 등을 농기계라고 해.

20 단오 46쪽

초성 퀴즈

단오

집 찾아가기

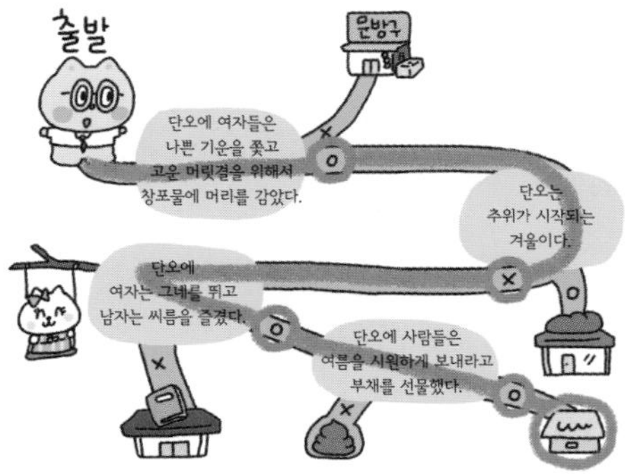
출발
문방구
단오에 여자들은 나쁜 기운을 쫓고 고운 머릿결을 위해서 창포물에 머리를 감았다.
단오는 추위가 시작되는 겨울이다.
단오에 여자는 그네를 뛰고 남자는 씨름을 즐겼다.
단오에 사람들은 여름을 시원하게 보내라고 부채를 선물했다.

단오 부채 만들기

(단오와 관련된 내용-창포, 창포물에 머리 감기, 그네뛰기, 씨름 등-을 부채에 그려 넣는다.)

문장 대결

㉮ 단오에 여자들은 창포물에 머리를 감았다고 해.

21 덕담 48쪽

초성 퀴즈

덕담

초성 퀴즈

㉮ 들다, 두다, 되다, 듣다, 두둑, 다도, 다독 등

내가 듣고 싶은 덕담은?

㉮

듣고 싶은 덕담	까닭
새해 복 많이 받으세요.	이 말을 들으면 한 해 동안 좋은 일이 많이 생길 것 같기 때문이다.
늘 건강하세요.	건강은 무엇보다 중요한 것이라고 생각하기 때문이다.
소원하는 일 모두 이루길 기원해요.	소원이 모두 이루어진다는 것은 생각만 해도 기분 좋기 때문이다.

문장 대결

㉮ 설날에 할아버지께서 덕담을 해 주셨어.

22 도구 50쪽

초성 퀴즈

도구

숫자 퍼즐

1	1	1	1	2	3	3	3	3	2
1	2	2	2	2	2	2	2	3	2
1	2	2	2	2	2	2	2	3	2
1	1	1	1	2	3	3	3	3	3
2	1	2	2	2	2	2	2	3	2
2	1	2	2	2	2	2	2	3	2
1	1	1	1	2	2	2	2	3	2

도구

숨은그림찾기

문장 대결

㉮ 우리 주변에는 여러 가지 생활 도구가 많아.

23 맷돌 52쪽

초성 퀴즈

맷돌

난 누구일까요?

맷돌

숫자 연결하기

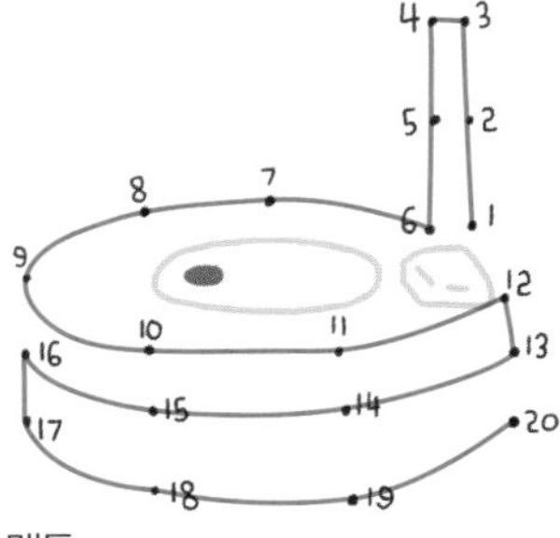

맷돌

문장 대결

㉮ 예전에는 맷돌로 곡식을 갈아서 전, 죽 등 여러 음식을 만들었다고 해.

24 방직기 54쪽

초성 퀴즈

방직기

자음과 모음 조합하기

방직기

선으로 연결하기

문장 대결

예 방직기는 베틀이 발전한 기계야.

25 복조리 56쪽

초성 퀴즈

복조리

바른 설명을 찾아라!

복 (❸) + 조리 (❶) = 복조리 (❷)

어떤 모양일까?

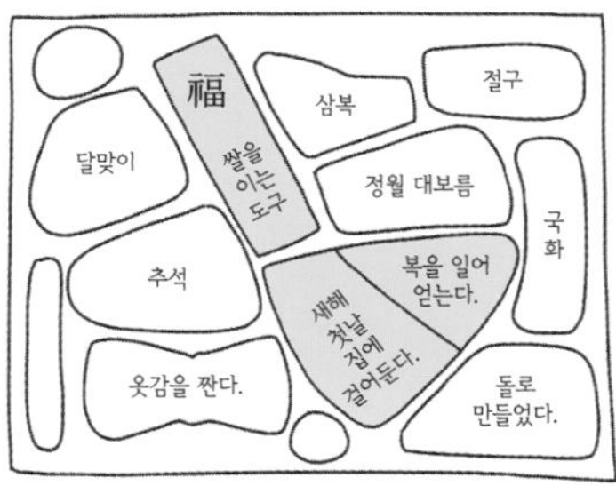
福
쌀을 이는 도구
삼복
절구
달맞이
정월 대보름
국화
추석
복을 일어 얻는다.
새해 첫날 집에 걸어둔다.
옷감을 짠다.
돌로 만들었다.

복조리 모양

문장 대결

예 우리 집에서는 현관 잘 보이는 곳에 복조리를 걸어 두었어.

26 세시 풍속 58쪽

초성 퀴즈

세시 풍속

공통 글자 찾기

세시 풍속

사다리 타기

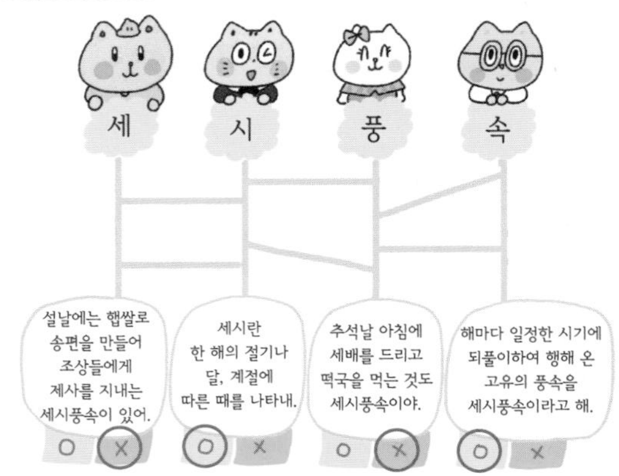
세
시
풍
속
설날에는 햅쌀로 송편을 만들어 조상들에게 제사를 지내는 세시풍속이 있어.
세시란 한 해의 절기나 달, 계절에 따른 때를 나타내.
추석날 아침에 세배를 드리고 떡국을 먹는 것도 세시풍속이야.
해마다 일정한 시기에 되풀이하여 행해 온 고유의 풍속을 세시풍속이라고 해.
○ ×
○ ×
○ ×
○ ×

문장 대결

예 우리나라에는 고유의 세시 풍속이 있어.

27 오곡밥 60쪽

초성 퀴즈

오곡밥

뜻을 더하는 말 – 밥

예 전복 + 밥 = 전복밥

가지 + 밥 = 가지밥

영양 + 밥 = 영양밥

맞다, 틀리다 미션

배

문장 대결

예 나는 오곡밥을 좋아해.

28 온돌 62쪽

초성 퀴즈

온돌

온돌의 원리는?

❶ 구들장 ❷ 방고래

더 많은 어휘 떠올리기

예 온: 온기, 온장고, 온실, 온도 등

돌: 돌덩이, 돌집, 돌판 등

문장 대결

예 우리 집 보일러는 온돌의 원리를 이용한 거야.

29 음력 64쪽

초성 퀴즈

음력

선으로 연결해요

개념 이해하기

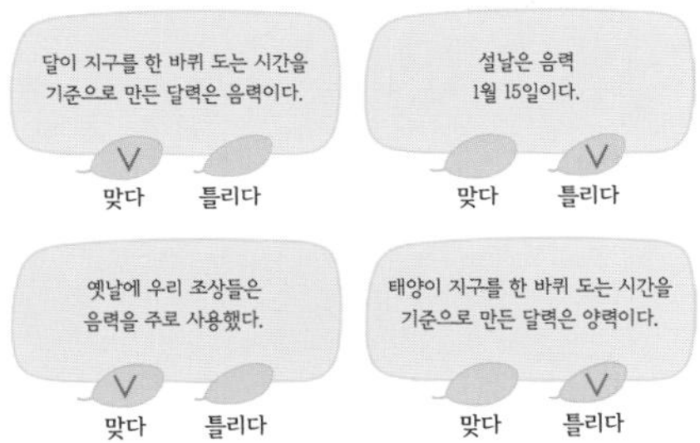
달이 지구를 한 바퀴 도는 시간을 기준으로 만든 달력은 음력이다.
V
맞다 틀리다
설날은 음력 1월 15일이다.
V
맞다 틀리다
옛날에 우리 조상들은 음력을 주로 사용했다.
V
맞다 틀리다
태양이 지구를 한 바퀴 도는 시간을 기준으로 만든 달력은 양력이다.
V
맞다 틀리다

문장 대결

예 음력은 달이 차고 기우는 것을 기준으로 날짜를 계산하는 방법이야.

30 장신구 66쪽

초성 퀴즈

장신구

가장 마음에 든 생일 선물은?

예 머리핀, 목걸이

문제지가 없어졌어요

1. 예 답: 반지

❶ 손가락에 끼는 고리 모양 장신구는?

❷ 손가락을 장식하는 것은?

❸ 결혼식에서 신랑과 신부가 주고 받는 것은?

2. 예 답: 귀걸이

❶ 귀를 장식하는 것은?

❷ 귀에 걸거나 다는 장신구는?

❸ 귓불에 다는 장식품은?

문장 대결

예 목걸이, 반지, 귀걸이 같은 것을 장신구라고 해.

31 중양절 68쪽

초성 퀴즈

중양절

동시의 제목은?

중양절

은행잎 퀴즈 풀기

❶ ○ ❷ × ❸ ○ ❹ ○

문장 대결

예 예전에 중양절은 수확을 마무리하는 시기였어.

32 차례 70쪽

초성 퀴즈

차례

바른 길 찾기

출발 ➜

명	두	떡	보	멀	리	길
을	절	날	이	더	두	초
대	잘	세	나	지	어	식
찾	요	조	도	냥	멀	의
장	이	상	이	지	는	어
일	생	인	집	유	내	제
일	등	의	낮	에	지	사

도착

뜰 수 있는 열기구는?

(열기구 ①, ②, ③에 색칠을 한다.)

문장 대결

예 이번 추석 차례 음식은 우리 가족 모두 협동해서 만들었어.

33 청동 72쪽

초성 퀴즈

청동

보물을 모으자!

(주사위를 던져서 이동하여 획득한 보물을 적는다.)

선으로 연결해요

청동 검
청동 종
청동 거울
안에 방울이 있어 흔들면 소리가 나는 도구
청동으로 만든 거울로, 제사장이 제사를 지내는 도구
청동으로 만든 칼

문장 대결

예 저것은 청동 조각품이야.

34 토기 74쪽

초성 퀴즈

토기

벌집 모양 끝말잇기

예

떡국
국토
토마토
토기
기차
기구
구실
차도
도시
시간
시청

완성된 그림은 무엇일까?

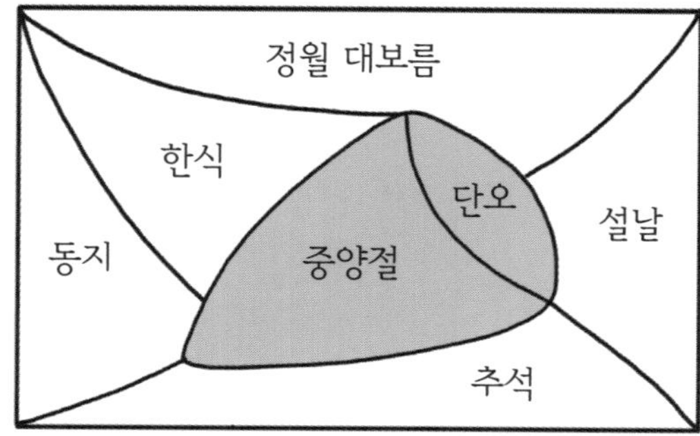
정월 대보름
한식
동지
단오
중양절
설날
추석

문장 대결

예 오늘은 빗살무늬 토기를 만드는 체험을 했어.

35 트랙터 76쪽

초성 퀴즈

트랙터

퍼즐을 맞춰라!

❷
❸
❹
❶

트랙터

위로 위로 올라가요

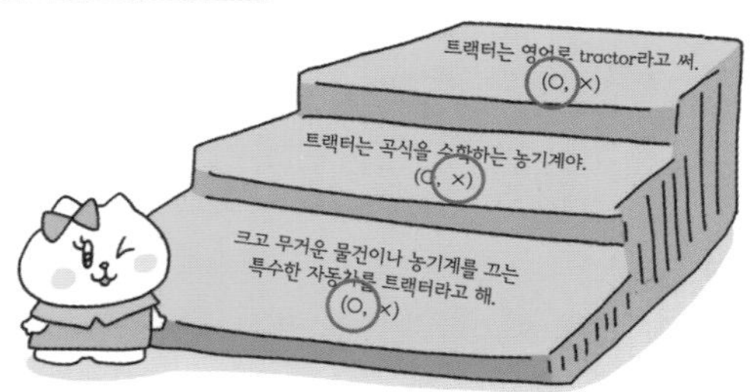
트랙터는 영어로 tractor라고 써. (O, ×)
트랙터는 곡식을 수확하는 농기계야. (O, ×)
크고 무거운 물건이나 농기계를 끄는 특수한 자동차를 트랙터라고 해. (O, ×)

문장 대결

예 트랙터에 한번 타 보고 싶어.

36 한식 78쪽

초성 퀴즈

한식

가로세로 문제를 해결하라!

가로 열쇠	세로 열쇠
❶ 찬 음식을 먹었으며 조상의 산소를 찾아 제사를 지내고 벌초를 했던 날 ❷ 사람이 살 수 있도록 지은 집 ❸ 찹쌀에 기장, 찰수수, 검정콩, 붉은팥의 다섯 가지 곡식을 섞어 지은 밥	❶ 사람이 생활하는 데 기본이 되는 옷과 음식과 집을 통틀어 이르는 말 ❷ 우리나라 명절의 하나로 음력 5월 5일을 말함.

	❶ 의		❷ 단		
❶ 한	식		❸ 오	곡	밥
	❷ 주	택			

아이 엠 그라운드 명절 이름 대기!

예 설날, 정월 대보름, 단오, 중양절 등

문장 대결

예 옛날에는 한식에 찬 음식을 먹었어.

37 구성원 80쪽

초성 퀴즈

구성원

손가락 가족

구성원

원반 끝말잇기

예 구성원 → 원반 → 반찬 - 찬성 - 성공 - 공부 - 부자 - 자석

문장 대결

예 담임선생님과 같은 반 친구들은 모두 우리 반 구성원이야.

38 독립 82쪽

초성 퀴즈

독립

공통 어휘를 찾아라!

독립

냥냥이가 타야 할 버스는?

1 2 1

문장 대결

예 나도 어른이 되면 독립하고 싶어.

39 반려동물 84쪽

초성 퀴즈

반려동물

내가 찾는 어휘는?

사랑해요

동물 ○×퀴즈의 끝은?

사자

문장 대결

예 난 반려동물과 노는 시간이 제일 행복해.

40 배려 86쪽

초성 퀴즈

배려

바른 생각 고르기

(다음 내용 부분을 색칠한다.)

- '도와주거나 보살펴 주려고 마음을 씀.' 을 뜻함.
- 행복한 가족이 되려면 가족 구성원이 서로 존중하고 배려하는 마음을 가져야 해.
- 주로 존중과 함께 사용해.

내가 할 수 있는 배려는?

예 부모님 심부름하기, 언니 얘기 들어주기, 집안일 돕기, 친구 얘기 들어주기, 내 주장만 하지 않기, 수업 시간에 조용히 하기 등

문장 대결

예 배려하는 마음을 가지면 금방 친해질 수 있어.

41 역할 88쪽

초성 퀴즈

역할

꽃잎 완성하기

역할

자기가 마땅히 해야 할 맡은 바 직책이나 임무를 역할이라고 해.

역할과 구실은 비슷한 어휘야.

옛날에는 가족 구성원의 남녀 역할이 구분되어 있지 않았어.

내 역할은 신발 정리하기야.

옛날과 비교해서 오늘날에는 남녀의 역할을 많이 구분해.

냥냥이는 누구일까요?

괜찮냥

문장 대결

예 엄마의 생일파티 준비를 위해 형과 나는 서로 역할을 나누었어.

 의식 90쪽

초성 퀴즈

의식

사다리 타기

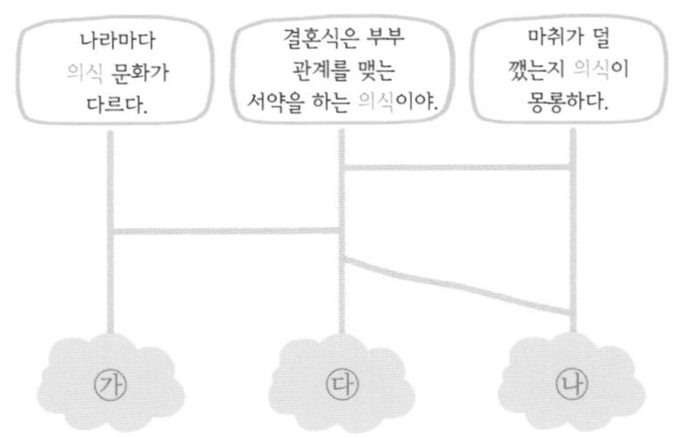
나라마다 의식 문화가 다르다.
결혼식은 부부 관계를 맺는 서약을 하는 의식이야.
마취가 덜 깼는지 의식이 몽롱하다.
㉮
㉰
㉯

생일 초 켜기

의식

문장 대결

예 졸업식은 졸업장을 수여하는 의식이야.

43 입양 92쪽

초성 퀴즈

입양

첫말을 거꾸로, 끝말을 똑바로!

예

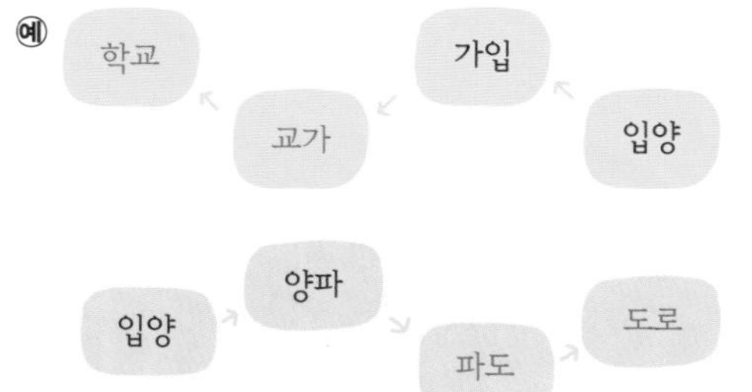
학교
교가
가입
입양
입양
양파
파도
도로

카드 놀이하기

입양
양친
(양부모)
양자
입양하여 길러준 부모
입양에 의해 자식의 자격을 얻은 사람
양자로 들어가거나 양자를 들이는 것

문장 대결

예 난 작년에 강아지를 입양했어.

44 주례 94쪽

초성 퀴즈

주례

내가 주례라면?

예 이제 신랑과 신부가 부부가 되었음을 선언합니다. 평생 동안 서로를 아껴주고 사랑하면서 행복하길 기원하며, 결혼을 진심으로 축하합니다.

가위바위보!

이겼을 때 → 주례

비겼을 때 → ○

졌을 때 → ×

문장 대결

예 우리 이모는 주례 없는 결혼식을 했어.

45 폐백 96쪽

초성 퀴즈

폐백

무엇을 검색했을까?

폐백

전화번호 뒷자리 알아내기

0 1 3

문장 대결

예 폐백에서 대추와 밤을 던지는 것이 재미있었어.

46 핵가족 98쪽

초성 퀴즈

핵가족

괜찮냥 가족의 어휘 팻말은?

멋진가족

첫말 끝말 잇기

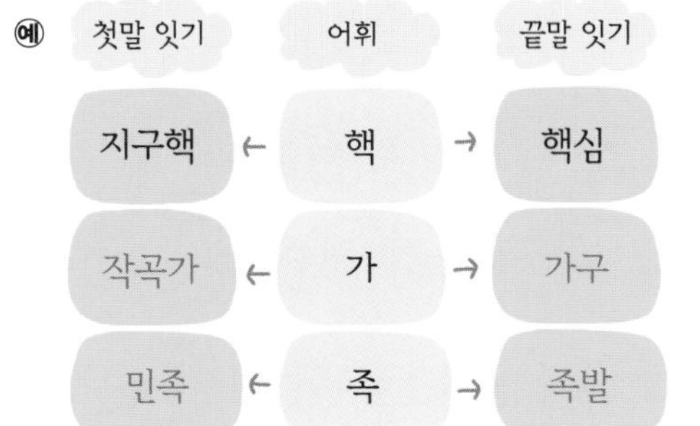

예
첫말 잇기
어휘
끝말 잇기
지구핵 ← 핵 → 핵심
작곡가 ← 가 → 가구
민족 ← 족 → 족발

문장 대결

예 우리 가족은 핵가족이야.

47 혈연 100쪽

초성 퀴즈

혈연

애벌레가 먹은 글자는?

핏줄

공통 어휘 찾기

혈연

문장 대결

예 혼인이나 혈연으로 맺어지지 않았더라도 가족일 수 있어.

48 형태 102쪽

초성 퀴즈

형태

옳은 팻말 어휘 찾기

형태

암호표에서 정답을 찾아라!

형태

문장 대결

예 이 옷의 소매는 꽃잎이 겹쳐 있는 듯한 형태로 되어 있어.

49 혼례 104쪽

초성 퀴즈

혼례

신부 만나러 가기

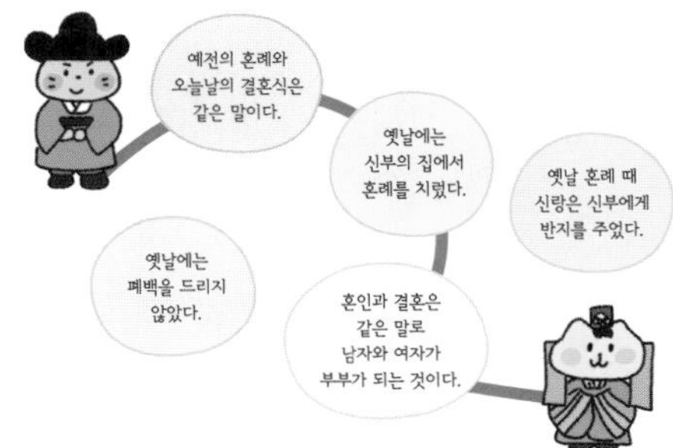

예전의 혼례와 오늘날의 결혼식은 같은 말이다.
옛날에는 신부의 집에서 혼례를 치렀다.
옛날 혼례 때 신랑은 신부에게 반지를 주었다.
옛날에는 폐백을 드리지 않았다.
혼인과 결혼은 같은 말로 남자와 여자가 부부가 되는 것이다.

숨은 어휘 찾기

과	수	원	공	장
혼	례	결	허	리
강	혼	양	기	온
식	갯	식	러	하
수	벌	장	기	천

문장 대결

예 민속촌에서 보았던 전통 혼례식은 매우 흥미로웠어.

50 확대 가족 106쪽

초성 퀴즈

확대 가족

말판놀이

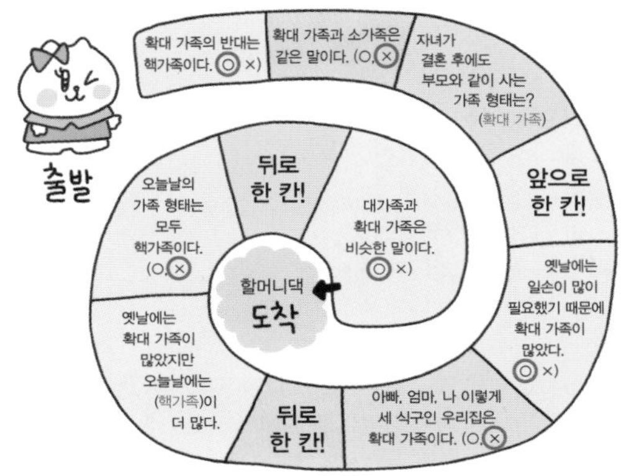

출발
확대 가족의 반대는 핵가족이다. (◎ ×)
확대 가족과 소가족은 같은 말이다. (○ ⊗)
자녀가 결혼 후에도 부모와 같이 사는 가족 형태는? (확대 가족)
앞으로 한 칸!
옛날에는 일손이 많이 필요했기 때문에 확대 가족이 많았다. (◎ ×)
아빠, 엄마, 나 이렇게 세 식구인 우리집은 확대 가족이다. (○ ⊗)
뒤로 한 칸!
옛날에는 확대 가족이 많았지만 오늘날에는 (핵가족)이 더 많다.
오늘날의 가족 형태는 모두 핵가족이다. (○ ⊗)
뒤로 한 칸!
대가족과 확대 가족은 비슷한 말이다. (◎ ×)
할머니댁 도착

가족과 빙고놀이

생략

문장 대결

예 확대 가족은 어른들과 같이 살기 때문에 웃어른에 대한 공경과 예절을 배울 수가 있어.

어휘로
사회
쏙
어 휘
연습장
초등 3-2

1판 1쇄 펴냄 | 2023년 8월 25일

기 획 | 이은경
글 | 이은경·안수정
그 림 | 김재희
발행인 | 김병준
편 집 | 이현주·박유진
마케팅 | 김유정·차현지
디자인 | 김용호·권성민
발행처 | 상상아카데미

등록 | 2010. 3. 11. 제313-2010-77호
주소 | 서울시 마포구 독막로 6길 11(합정동), 우대빌딩 2, 3층
전화 | 02-6953-8343(편집), 02-6925-4188(영업)
팩스 | 02-6925-4182
전자우편 | main@sangsangaca.com
홈페이지 | http://sangsangaca.com

ISBN 979-11-85402-91-8 (64080)